U0793671

乐游全球·迷你版

自由行
04

意大利

ITALY

实业之日本社海外版编辑部 编著
张 潇 张亚林 译
焦丽哲 审订

北京·旅游教育出版社

乐游全球·迷你版　自由行04

意大利

Italy

目　录

意大利旅行基本信息

国旗

被称为三色旗，由绿、白、红三种颜色纵向排列组成。绿色代表美丽的国土，白色代表雪，红色代表爱国者的热情，亦象征着自由、平等、博爱。

国名

意大利共和国

首都

罗马

面积

301 268平方公里

人口

6 110万（2014年推算）

官方语言

意大利语（北部地区还使用德语、法语。历史、文化方面关系复杂，方言差别也很大）

宗教

基督教（天主教）信奉者占97%。另外还有新教、伊斯兰教、犹太教。罗马教皇所在的圣彼得大教堂是天主教的中心教堂。

时差

比中国时间晚7个小时。实行夏令时（3月最后一个星期天深夜~10月最后一个星期天深夜）时比北京时间晚6个小时。北京时间下午2点的时候，意大利是早上8点。

政体

共和制

元首

总统赛尔吉奥·马塔雷拉

主要产业

机械、纤维、钢铁、汽车

GDP

13 737万亿欧元（2014年推算）

国民人均GDP

29 117欧元（2014年推算）

经济增长率

–1.85%

消费者物价指数

119.81（2014年推算值，以2015年为100计）

失业率

12.6%（2014年4月）

通用货币

欧元

国际区号

39

货币（欧元）

意大利错觉

饮酒年龄为16岁。说起意大利料理，给人的感觉是会使用西红柿，其实意大利西红柿的产量世界第六，人均消费量世界第七，并不算多。

自然

意大利由延伸进地中海的靴形半岛和西西里岛、撒丁岛构成，行政区划为20个州。领土南北修长，气候四季分明，地区间差异较大。与阿尔卑斯山脉相邻的北部极其寒冷，有时10月初就会降雪。越往南气温、气候就越温和。罗马因地处高纬度晚上8点天还是亮的。

政治

二战后废除君主制，宣布共和。以总统为国家元首，政务由总统指名的总理和内阁来统辖。议会采取上院・下院的二院议会制。2015年赛尔吉奥・马塔雷拉任总统，2016年他授权保罗・真蒂洛尼作为总理组建过渡政府。

经济

二战战败失去殖民地的意大利经济曾一度完全崩溃，后又成功复兴，被称为“经济奇迹”。80年代经济发展显著，维持3%的增长率，成为世界第5大经济大国。但是，与工业发达的北部相比，以农业为中心的南部地区难以维持稳定的经济增长，南北差异大。2009年以后，由于外需低迷且国家减少支出，增加税收，经济持续衰退。2014年的GDP增长率为-1.85%。财政重建是现在首要的课题。

民族

公元前600年前后就有历史古国意大利，统一是在1861年。统一前的很长一段时间，意大利处于城邦与教皇国分立、被外国占领的状态。因此，也成就了意大利多民族的现状。

治安

残暴的犯罪案件虽然少见，但是治安并说不上好。游客需警惕扒窃、顺手牵羊、抢劫等。机场、车站以及拥挤的店铺等人多眼杂的地方需要注意。

节日和祭日

法定节假日如下：

1/1 元旦

1/6 主显节

春分月圆后的第一个礼拜天 复活节

4/25 解放日

5/1 国际劳动节

6/2 共和国纪念日

8/15 圣母升天节

11/1 诸圣节

12/8 圣母无染原罪瞻礼

12/25 圣诞节

12/26 圣史蒂芬日

另外，各城市还有自己的守护圣人日，当天办公室、商店全部关闭。

专业导游建议

关于居留税

2011年新开始征收的税里有一项居留税Imposta di soggiorno。旅客住宿时，除了每晚的住宿费之外要另外交税。居留税征收对象的年龄和住宿天数等相关条件和税额，不同的城市有不同的规定。以罗马为例，一晚€3（1星・2星）~€7（5星），10岁以下的小孩免税。住酒店以外的B&B、农家乐、一般住宅也要交税。居留税会在住宿处办理入住・退房时被要求支付，用现金支付。

意大利各个大区和大区首府

意大利
Italia
0 50km
罗马 p.22
Roma
欧斯提亚·安提克
Ostia Antica
罗马城堡
Castelli Romani
Città del Vaticano
那不勒斯 p.136
Napoli
庞贝 p.138
Pompei
卡普里岛 p.140
I. di Capri
Latina
佛罗西诺内
Frosinone
Cassino
Campobasso
Matese
Terracina
Isole Ponziane
卡塞塔
Caserta
Benevento
维苏威火山
Vesuvio
伊斯基亚岛
I. d'Ischia
那不勒斯湾
G. di Napoli
G. di Gaeta
阿玛尔菲
Amalfi
波西塔诺
Positano
索伦托
Sorrento
Salerno
帕埃斯图姆
Paestum
Lagonegro
波坦察
Potenza
马泰拉
Matera
Altamura
Appennino
福贾
Foggia
Manfredonia
Barletta
Trani
Andria
Bisceglie
Molfetta
巴里
Bari
阿尔贝罗贝洛
Alberobello
去往佩特雷(希腊)方向
Monopoli
去往科孚岛、佩特雷方向
Martina
塔兰托
Taranto
布林迪西
Brindisi
莱切
Lecce
Gallipoli
C. S. Maria di Leuca
塔兰托海湾
Golfo di Taranto
M.del Papa
M.Pollino
Castrovillari
Montea
Rossano
Pta. Alice
Paola
Botte Donato
柯森扎
Cosenza
Crotone
卡坦扎罗
Catanzaro
C. Rizzuto
Golfo di S. Eufemia
Golfo di Squillace
G.di Policastro
Vibo Valentia
M. Pecoraro
Palmi
G. di Gioia
V. San Giovanni
雷焦·迪·拉卡布利亚
Reggio di Calabria
C. Spartivento
爱奥尼亚海
Mare Ionio
第勒尼安海
Mare Tirreno
斯特伦博利岛
I.Stromboli
I.Salina
I.Panarea
I. Alicudi
科帕里诺岛
I.Lipari
I.Vulcano
I. di Ustica
墨西拿
Messina
Stretto di Messina
蒙雷阿莱
Monreale
巴勒莫
Palermo
赛杰斯塔
Segesta
C. San Vito
特拉帕尼
Trapani
I. Marettimo
I. Favignana
马尔萨拉
Marsala
Mazara
Castelvetrano
Alcamo
Rca Busambra
M. Cammarata
Le Madonie
陶尔米纳
Taormina
埃特纳火山
M. Etona
Adrano
卡塔尼亚
Catania
Sciacca
卡塔尼塞塔
Caltanissetta
Caltagirone
西西里岛
Sicilia
阿格里琴托
Agrigento
潘塔里卡码头古坟
锡拉库萨
Siracusa
拉古萨
Ragusa
C. Passero
西西里岛海峡
Canale di Sicilia
I. di Pantelleria
Bocche di Bonifacio
I. Asinara
Golfo dell'Asinara
Porto Torres
萨萨里
Sassari
Tempio
Porto Cervo
翡翠海岸
Costa Smeralda
阿兰齐海
Golfo Aranci
奥尔比亚
Olbia
阿尔盖罗
Alghero
Macomer
努奥罗
Nuoro
多尔加利
Dorgali
撒丁岛
Sardegna
Bruncu Spina
奥斯里塔诺
Oristano
阿尔巴塔克斯
Arbatax
努拉格·苏·努拉吉
Su Nuraxi
巴鲁米尼
Barumini
伊格莱西亚斯
Iglesias
卡利亚里
Cagliari
G. di Cagliari
I. di S. Pietro
Calasetta
I. di S. Antioco
C. Spartivento
地中海
Mare Mediterraneo
阿尔及利亚
ALGERIA
突尼斯
TUNISIA
Bizerte
突尼斯
Tunis
G.de Tunis
C. Bon
Jendouba

意大利5大旅游看点

意大利汇集了全世界的游客，以联合国教科文组织审核通过的世界遗产观光为首，在意大利有很多值得一看的物、很多值得一试的事。

罗马历史中心（入选年份：1980年）
整个罗马都是世界遗产

① 游览世界遗产

意大利有50项世界遗产，是世界遗产数量最多的国家。其中文化遗产有46项。想要留给后世的众多历史性建筑物，都是值得一看的。即使以世界遗产为主题旅行，也有足够多的候选地。

➡景点详情：罗马p36-52，佛罗伦萨p72-83，威尼斯p104-111，其他

◀**威尼斯及其潟湖**
（入选年份：1987年）
因受外来民族入侵的威胁在潟湖上建设城市，是威尼斯的起源。共跨118座小岛的威尼斯整座城市都是世界遗产。

▶**锡耶纳历史中心**
（入选年份：1995年）
中心区域保留有很多12~15世纪建造的哥特式建筑。扇形的坎波广场美丽、协调。

② 就着下酒菜来一杯

吃正餐之前先顺道去酒吧或小餐吧轻松地喝上一杯，是意大利人的风格。有时传统的大份量地方菜肴却变身为只有一口大小的下酒菜，也有时明明是站立小饮却能意外吃到大菜。无论是酒菜的味道还是这种方式，都是极具地方特色的，游客朋友一定要感受一下！

➡店铺详情：佛罗伦萨p84-87，威尼斯p113-114，米兰p129-130

米兰

◀很多店里可以享用到便宜的饭前酒和下酒菜

佛罗伦萨

▶托斯卡纳火腿与奶酪配饭前酒是最基本的

威尼斯的小酒吧

威尼斯

▲名为卡罗吧的酒吧，下酒菜是特别新鲜的海鲜！

▲豪华的米兰・斯卡拉歌剧院观众席

▲米兰的斯卡拉歌剧院

▲威尼斯的凤凰歌剧院

3 欣赏正宗的歌剧

歌剧诞生于意大利。大都市建有歌剧院，夏天的时候古罗马的圆形剧场也会被利用起来进行野外歌剧公演。真正的歌剧季节在10月~次年6月。

4 享受购物

在艺术之国、设计之国、时尚之国意大利，想买的东西有很多。让生活变得丰富多彩的精品，不妨挑选几款满意的。

▲食品商场里满是优质食品，在这里选带回去的土特产再合适不过了

◀拥有精湛的传统工艺的手艺人工作室各地都有。原创的包包、饰品，看看有没有你喜欢的呢?

▲不常见的华丽的鞋子也能在这里买到。€755

▲橱窗里的物品陈列技巧很赞，只逛不买也是一种享受

5 游览名作舞台

以意大利为外景地给人留下深刻印象的电影作品有《罗马假日》和《天使与恶魔》。这两部作品的拍摄地之旅备受青睐。拍摄地除下面介绍到的之外还有很多，不妨去游一游。

➡景点详情：西班牙广场（西班牙大台阶前）p46

▶《罗马假日》之西班牙大台阶：安妮公主吃着冰激凌，追过来的布莱德里假装偶然与她在西班牙大台阶重逢

▼《天使与恶魔》之人民圣母教堂：影片设定教堂里贝尼尼的天使像所指方向藏有下一个目的地的提示

➡景点详解：人民圣母教堂p46，胜利之后圣母教堂在地图p31G

▼《天使与恶魔》之胜利之后圣母教堂：教堂里“圣特蕾莎的狂喜”令主人公兰登得到启示

玩转意大利 Special Selection

4大魅力都市必去的观光景点

满满的都是天才艺术家作品的西斯廷教堂

让你充分体验世界遗产和艺术之国魅力的人气4都市。本篇介绍出门逛时一定要去的几个主要地方。

罗马 ROME

罗马有很多古罗马帝国时期留下来的遗迹，整个旧城区都是世界遗产区。号称世界最大型文化遗产的梵蒂冈博物馆也坐落其中，还有不少美术馆等艺术殿堂。

① 梵蒂冈博物馆 Musei Vaticani

以藏有米开朗琪罗代表作《天顶画》和壁画《最后的审判》的西斯廷教堂为首，代表意大利的珍贵艺术作品多收藏在梵蒂冈博物馆并对外展出。

必看 礼拜堂内的天花板画和壁画

▲米开朗琪罗作品，描绘出自“天地创造”等旧约圣经创世纪的9个故事的天顶画

◀古罗马时期的城市中心古罗马广场。左图为帝政前期的遗址——提图斯帝的凯旋门

② 古罗马广场 Foro Romano

这里曾是古罗马时期的政治·经济中心所在地。保留有皇帝们走过的“圣道”，凯旋门、元老院、法院、神殿等可以说是权力象征的建筑物。

ROME

③ 斗兽场 Colosseo

圆形竞技场，古罗马时期5万观众曾一起在这里观看角斗士、猛兽的斗争。每层观众席的建筑风格都不一样，竞技场的结构几乎保留的是当时的模样。

必看 一次能容纳5万人的古代竞技场的真实模样

▶傍晚时分的斗兽场灯火闪烁

佛罗伦萨 FIRENZE

复兴文化之花盛开的艺术之都。中心地区有很多散发当时气息的建筑物，以及活跃在文艺复兴时期的天才艺术家、建筑家们的代表作品。

① 杜奥莫广场 Piazza Duomo

这里地处享有“花都”之称的美丽的佛罗伦萨的中心。壮丽的哥特式建筑杜奥莫、复兴式建筑洗礼堂、钟楼等名建筑鲜活呈现。

必看 文艺复兴时期建造的珠玉建筑群

② 乌菲兹美术馆 Museo Uffizi

网罗了意大利文艺复兴的代表作的世界顶尖水平的美术馆。在这里我们对比看看列奥纳多·达·芬奇、拉斐尔、米开朗琪罗三大画家的作品吧。

必看 波堤切利、拉斐尔、米开朗琪罗等文艺复兴巨匠的作品

③ 学院美术馆 Museo Accademia

为一睹米开朗琪罗杰作《达维德》雕塑的风采，世界各地游客云集此地。一起观赏一下载入美术史册的巨匠的作品吧。

必看 高4m多的大雕塑《达维德》的震撼力

④ 碧提宫 Palazzo Pitti

这里曾经是美第奇家族的宫殿。宫殿内部有以展示美第奇家族收藏绘画的巴拉丁画廊为首的共7座美术馆·博物馆。

必看 象征佛罗伦萨财富的美术集锦

⑤ 维奇奥桥 Ponte Vecchio

横跨阿尔诺河的最古老的桥梁。桥上建满了贵金属店。白天景色也不错，傍晚时分则是别样美。

必看 保留14世纪模样的桥，美得与众不同

4大魅力都市 必去的观光景点

必看 威尼斯共和国时期建造的全世界独此一处的水上都市

▲面朝大运河的安康圣母教堂

威尼斯 VENEZIA

亚德里亚海上118座小岛上有400多座桥，还有170多条人工水道，这便是威尼斯。绝无仅有的这座城市，是“漂在水上的世界遗产”。

1 大运河 Canal Grande

威尼斯本岛最大的运河，用于生活物资和人的输送。运河两岸的街景还残留15、16世纪的气息，仿佛梦回往昔。

2 圣马可广场周围 Piazza San Marco

15世纪前的1000年间，作为海洋都市大放异彩的威尼斯共和国的中心所在地。广场周围，建有很多祭祀城市守护圣人的教堂、宫殿、钟楼等。

必看 中世纪~现代的珠玉美术作品

▲威尼斯海关大楼

VENEZIA

3 教堂与博物馆 Chiesa & Musei

以“千年王国”的财富积累为背景的各种美术品，可以在随处可见的教堂、美术馆中看到。一起欣赏一下中世纪美术到现代美术不同时期的艺术吧。

必看 拜占庭式教堂和历代总督的华丽宫殿

◀共和国的中心圣马可。左图是历代总督曾经的住所总督宫

米兰 MILANO

意大利的经济·商业之都。13~16世纪这里作为米兰公国的首都，建造了很多名建筑，米开朗琪罗、达·芬奇等天才画家也曾活跃于此。在这里还可以尽情享受购物的乐趣。

必看 意大利最大的哥特式瑰丽建筑

▲135个尖塔直立的杜奥莫

① 杜奥莫 Duomo

意大利哥特式建筑的最佳杰作。高耸的壮观建筑是米兰的象征。玻璃天顶的19世纪的埃马努埃莱二世拱廊（拱廊）也毗邻杜奥莫。

▼画在感恩圣母教堂（下图）的《最后的晚餐》

必看 美的巨匠列奥纳多·达·芬奇的最佳杰作

② 《最后的晚餐》 Cenacolo Vinciano

躲过二战战祸的列奥纳多·达·芬奇的最佳杰作。43岁的列奥纳多使出浑身解数创造的大作，一定要欣赏哦。

必看 彰显最新意大利风格的店铺云集

③ 蒙特·拿破仑街周围 Via Monte Napoleone

代表时尚大国意大利的品牌汇集的时尚街区。走在街上的女性的时尚品位亦可学习。

▶▼世界闻名的名牌店铺鳞次栉比

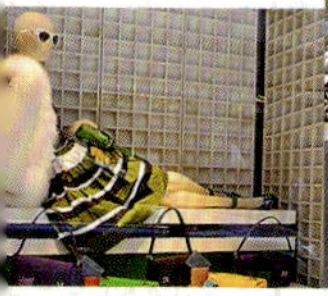

玩转意大利 Special Selection

不可错过的美食！地道的本土料理大比拼

意大利各地都有独特、发达的饮食文化。
在不同的城市一定要对比着品尝当地个性十足的料理。

朴素、简单的罗马料理

使用牛·猪·羊的内脏、肉，羊奶奶酪的料理很多。蔬菜的话多使用朝鲜蓟。

意式屠户牛尾
Coda alla Vaccinara

将牛尾加洋葱、芹菜、白葡萄酒、西红柿炖制而成

辣味培根番茄意面
Pasta Amatriciana

羊奶酪和盐渍猪脸肉变身浓浓的番茄酱

罗马油炸
Fritto alla Romana

将牛内脏、朝鲜蓟、干鳕鱼等不裹面直接油炸而成

肉类和豆类料理较多的佛罗伦萨料理

名菜有佛罗伦萨牛排、蔬菜通心粉汤、香草煮芸豆等。

牛肚包
Trippa

牛的第二个胃蜂巢胃煮西红柿。汤汁浓厚但味道清爽

托斯卡纳开胃菜
Crostini Toscani

将红酒煮鸡肝抹在吐司上的一道前菜

佛罗伦萨牛排
Bistecca alla Fiorentina

炭火烤制的带骨T骨排为正宗

大米和黄油也做原料的米兰料理

名菜有薄而大块的炸牛排、烩饭、炖牛仔带骨小腿肉等。还使用黄油，香味更丰富多彩。

米兰小牛排
Cotoletta alla Milanese

将牛仔肉拍打后制成又薄又大的炸牛肉排。美味在外皮松脆

米兰烩饭
Risotto alla Milanese

清汤煮过的米饭，加黄油和藏红花调味，用帕马森干酪调香

炖牛小腿肉
Ossobuco

用白葡萄酒炖制的牛仔小腿肉。骨髓融入汤汁中，味道浓厚

海鲜多多的威尼斯料理

由于地处亚得里亚海，海鲜料理种类非常丰富。

南蛮腌沙丁鱼
Sarde in Saor

将炸过的小沙丁鱼和洋葱、松子一起腌渍

烤海鲜
Griglia Mista

烤长臂虾、蜘蛛蟹、河鲈、扇贝等海鲜。最赞的是食材好

奶油鳕鱼
Baccalà Mantecato

将盐腌渍过的干鳕鱼用水泡发，加蛋黄酱拌成馅料状。奶油口味

玩转意大利 Special Selection

买到手软的“心动shopping”

除人人皆知的品牌以外，在制造大国意大利相信会有很多你想要的东西。出发去买日常生活中容易用到的好东西吧。

€110

➡意大利品牌pinco的连衣裙。设计不算很特别，但是剪裁很美

时尚

➡米兰的老字号帽子店borsalino的帽子

€150~

€380

€445

⬅佛罗伦萨也是皮革制品的发源地。Cellerini的包包好用，颜色也美

€50~

⬅皮革手套佛罗伦萨也是发源地。皮革光滑，很容易吸在手上

厨房用具

€14

➡据说每个意大利家庭必备一台的allety直火式咖啡壶

€21.90
3人用

⬇橄榄木制成的菜板。菜板硬不易被划伤

餐桌上的艺术品
€13~€15

⬆代表意大利的工业设计师阿莱西的鸡蛋托。不同尺寸售价各异

文具&小零件

⬅佛罗伦萨传统工艺制作的大理石纸彩色铅笔。还有大理石纸做的相框等

€22

⬇佛罗伦萨传统的皮革硬币包、收纳盒光泽好，功能多

€30~39

⬅意大利色的鞋形铅笔盒

€9.50

➡手工制作的大理石纸凸版胶印

€22

食材&甜点

€9.50

⬅棒子奶油。可以涂在面包上，也可以用来制作点心

⬅⬇正宗香醋可以拌沙拉，也可以做点心。熟成时间越长越贵

€6~

40ml €14.90

⬅高品质的橄榄油带回去当礼物定会受欢迎

€25

⬆使用了高品质可可的巧克力“babbi巧克力”。一盒380g

健康&美容产品

⬇刷子形状很可爱，看着就想勤打扫

€10

沐浴液 €35.50

⬆➡使用天然原料的身体摩丝，木瓜和玫瑰的甜甜的香味。洗手液味道也很香

洗手液 €12

€20

⬆诞生于西西里岛的品牌“奥提伽”的香皂。一盒40g×4块

仔细游览、不可错过 意大利完美行程推荐

除有关于处处是风景、遍地是乐趣的罗马、佛罗伦萨、威尼斯、米兰4大都市的介绍以外，更有周游计划和旅途要领的介绍，让您更深入了解意大利的魅力。

行程1 人气4都市 8天

行程要点

充满看点的王道景点之旅。梵蒂冈、乌菲兹、“最后的晚餐”等需要排队的景点，可提前预约，也可参加提前预约好的团队游。

第1天 傍晚 到达米兰

第2天 米兰➡威尼斯

在米兰参观列奥纳多·达·芬奇的《最后的晚餐》和代表意大利哥特式建筑的杜奥莫等景点。

第3天 威尼斯➡佛罗伦萨

在曾经的威尼斯共和国的中心圣马可广场参观完王宫等景点，还可乘贡多拉游览。在佛罗伦萨从位于高处的米开朗琪罗广场俯瞰城市夜景。

第4天 佛罗伦萨／市内观光

参观汇集了文艺复兴至宝的乌菲兹美术馆，有大圣堂、洗礼堂的杜奥莫广场，维奇奥桥等景点。

第5天 佛罗伦萨➡罗马／市内观光

在罗马游览完古罗马中心地古罗马广场、圆形竞技场斗兽场后，去往巴洛克时期的名雕刻特莱维喷泉。

第6天 罗马／市内观光

在罗马最繁华的购物街区西班牙广场周边至科尔索大街一带散步。

第7天 罗马／返程

游览完梵蒂冈市国的圣彼得大教堂、有西斯廷教堂的梵蒂冈博物馆后，乘坐下午的飞机回国。

第8天 上午 到达国内

▲古罗马时期的政治中心古罗马广场

▶有巴洛克时期名雕刻的纳沃纳广场

▶画在曾经的修道院食堂墙壁上的《最后的晚餐》

◀缓缓流淌在佛罗伦萨的阿尔诺河

行程2 主要的4都市+比萨 8天

◀▼1877年建成的米兰拱廊商店街，名牌店、咖啡店鳞次栉比

第1天 **晚上** **到达罗马**

第2天 **罗马／市内观光**

在梵蒂冈博物馆至少停留2小时。古罗马中心地古罗马广场、斗兽场等也不可错过。

第3天 **上午** **罗马➡佛罗伦萨**
下午 **佛罗伦萨／市内观光**

在晚饭前游览完城市的象征杜奥莫、洗礼堂、乌菲兹美术馆、维奇奥桥等必去景点。

第4天 **上午** **佛罗伦萨➡比萨／市内观光**

参观罗马式名建筑杜奥莫、洗礼堂、斜塔等。伽利略发现自由落体定律的斜塔，提前预约的话可顺利参观。

第5天 **下午** **比萨➡威尼斯**
整天 **威尼斯／市内观光**

参观圣马可教堂、总督宫、里亚托桥、大运河沿岸的名建筑。还可乘贡多拉游览。

第6天 **上午** **威尼斯➡米兰**
下午 **米兰／市内观光**

参观杜奥莫、埃马努埃莱二世拱廊、斯卡拉歌剧院等。在米兰市中心购物也非常不错。

第7天 **上午** **米兰／市内观光**

观赏列奥纳多·达·芬奇的最佳杰作《最后的晚餐》。

下午 **离开米兰**

第8天 **上午** **到达国内**

▲威尼斯，可乘坐直梯前往圣马可广场的钟楼

▼精致、美丽的比萨杜奥莫

◀万神殿前，聚集着来自全世界的游客，热闹非凡

行程要点

除游览4大主要都市外，还从佛罗伦萨前往比萨斜塔。4都市加1都市8天行程（实际用来参观游览的时间为5天半）的话，推荐团队游。

行程3 4大都市+卡普里岛+庞贝 9天

第1天 **晚上** 到达罗马

第2天 **上午** 罗马
下午 罗马➡那不勒斯

在罗马参观斗兽场、梵蒂冈市国等。参观完梵蒂冈博物馆之后，前往那不勒斯。

第3天 **上午** 那不勒斯➡庞贝
下午 庞贝➡那不勒斯

在庞贝参观遗址。看看古代庞贝市民的住房、商店遗迹，观赏描绘当时生活的瑰丽壁画。

第4天 **上午** 那不勒斯➡卡普里岛
下午 卡普里岛→那不勒斯➡佛罗伦萨

乘快船到卡普里岛，上午游览岛上最值得一看的蓝洞。在卡普里岛的中心区域散散步。从那不勒斯乘意大利高铁前往佛罗伦萨。

第5天 **整天** 佛罗伦萨／市内观光

参观乌菲兹美术馆、杜奥莫广场等景点。傍晚，前往可以俯瞰整个城市的位于高处的米开朗琪罗广场。

第6天 **上午** 佛罗伦萨➡威尼斯
下午 威尼斯／市内观光

下午前往圣马可大教堂、威尼斯玻璃工坊等。然后，乘贡多拉游览运河。

第7天 **上午** 威尼斯➡米兰
下午 米兰／市内观光

在米兰参观杜奥莫、埃马努埃莱二世拱廊等景点后可以购物。

第8天 **上午** 离开米兰

第9天 到达国内

▼到处都是看点的威尼斯圣马可广场

▼那不勒斯名产榛子咖啡一定要品尝一下

▲那不勒斯的蛋城作为市民拍摄纪念照的背景非常有人气

◀被染成神秘蓝色的卡普里岛名胜蓝洞

行程要点

游览活跃的意大利中尤其明朗的南意大利之旅。风光明媚的旅游胜地卡普里岛、庞贝等景点特别受欢迎。

区域指南

意大利共和国

奥地利
瑞士
匈牙利
列支敦士登
特伦蒂诺上
阿迪杰
弗留利－
威尼斯朱利亚
斯洛文尼亚
奥斯塔
特伦托
瓦莱达奥斯塔
威尼托
克罗地亚
米兰
得利艾斯特
伦巴第
威尼斯
都灵
皮埃蒙特
法国
艾米利亚－罗马涅
波斯尼亚·
黑塞哥维那
博洛尼亚
圣马力诺共和国
热那亚
利古里亚
佛罗伦萨
比萨
托斯卡纳
安科纳
利古里亚海
圣吉米尼亚诺
锡耶纳
马尔凯
皮恩扎
阿德里亚海
翁布里亚
法国
拉奎拉
阿布鲁奇
罗马
梵蒂冈
拉齐奥
莫里塞
坎波巴索
坎帕尼亚
巴里
那不勒斯
庞贝
普利亚
卡普里岛
波坦察
巴西利卡塔
撒丁岛
第勒尼安海
卡利亚里
卡拉布里亚
卡坦扎罗
地
中
海
巴勒莫
西西里岛
爱奥尼亚海
阿尔及利亚
突尼斯

罗马

ROMA 地图p.7-H

为古罗马遗址，有拥有世界最大规模的美术藏品的梵蒂冈博物馆。这是一座艺术和世界遗产之城。以天主教中心地梵蒂冈市国为首的教堂建筑也是非常多的。

西班牙广场巴尔卡奇亚喷泉

ACCESS **机场→罗马市内**
铁路▶乘坐机场特快列奥纳多快速到Termini站约30分钟。巴士▶到Termini站前约45分钟。

旅游咨询处
Termini站内24号站台旁边
地图p.31-L
✉Via Giovanni Giolitti,34
营8:00~19:30 无休

城市概况

公元前146年，平复内乱的尤利乌斯·恺撒（屋大维）开始兴建神殿和广场等。他被暗杀后，继承他事业的初代皇帝奥古都斯，建设了现在能看到的很多大理石建造的壮丽建筑。全盛时期，罗马的领土大到从不列颠岛到北非、伊比利亚半岛、土耳其。

罗马还有由罗马法王统治的世界上最小的独立国家梵蒂冈。16世纪，文艺复兴代表米开朗琪罗、拉斐尔等艺术家集结于此，修建了西斯廷礼拜堂和圣彼得大教堂，建立了世界上独一无二的美丽国度。

之后，到了17世纪巴洛克艺术在罗马盛行。特莱维喷泉等壮丽雕刻作品就是在这个时期诞生的。

观光亮点

罗马观光预备 2~3 天时间是最普遍的。值得一看的地方主要集中在梵蒂冈市国、纳沃纳广场、斗兽场一带。梵蒂冈、斗兽场一带的遗迹区域，得花上 2 天时间，再加上西班牙广场一带的购物区域和纳沃纳广场，3 天时间是起码的。

◆ **享用罗马料理**

油炸西葫芦花、朝鲜蓟，番茄酱意大利面、西红柿炖牛肉都是这里的名菜。纳沃纳广场、台伯河岸区、梵蒂冈一带有很多餐馆。

◆ **欣赏罗马文化**

这里还有可以看晚宴秀的餐馆，一边欣赏热闹的歌曲表演，一边享用美食。晚宴秀是不定期的，提前预约好再去吧。在歌剧发源地意大利，观赏一出歌剧也是罗马之行的乐趣之一。歌剧季节一般是在 10 月到次年的 6 月。入场券在各剧场的售票处可以买到，也可以在网上预约·购买。

◆ **罗马特产**

除衣服、杂货外，高级陶瓷器吉诺里等也很有人气。瓶装意大利面酱、橄榄油等食品类也大受欢迎。

专业导游建议

不妨了解罗马的建国神话

传说战神马尔斯的双胞胎儿子罗慕路斯和雷穆斯被篡夺王位的叔父抛弃后，由一匹母狼抚养。长大后的俩人被养羊的人发现，兄弟俩杀掉了宿敌叔父，建立了新的国家。最后兄弟俩人也反目，最终罗慕路斯赢了对方，公元前 753 年罗马诞生了，取自罗慕路斯之名。

包装很精美的巧克力（左）
橄榄油种类也很多（右）

重点区域

◆ **梵蒂冈市国**

天主教的中心地梵蒂冈。诸如集结历代教皇美术藏品的梵蒂冈博物馆这样值得一去的地方有很多。

◆ **斗兽场一带**

古代的圆形竞技场的规模之大令人惊叹。从斗兽场到古罗马广场一带让我们边想象着古代城市的模样边逛吧。

◆ **西班牙广场一带**

名牌店林立的购物街。老字号咖啡店、红酒吧、餐馆也有很多。

◆ **纳沃纳广场一带**

这座野外雕刻杰作装饰的广场，吸引了来自全世界的观光客。特莱维喷泉也在这附近。万神殿周围有很多冰激凌名店和咖啡店。在这里就边休息边逛吧。

迷你知识

巴洛克时期的竞争对手
博洛米尼和贝尔尼尼

参与过圣彼得大教堂设计的雕刻家贝尔尼尼和建筑家博洛米尼两个人是死对头。位于纳沃纳广场的贝尔尼尼作品四河喷泉中的尼罗河雕像上蒙了层布，有人说是因为贝尔尼尼说对面博洛米尼设计的圣阿涅塞教堂不值得一看。

四河喷泉的
尼罗河雕像

1晚2天的游览计划

推荐旅游线路

※以下介绍用完整两天来旅游的行程

第1天

AM

● **梵蒂冈博物馆（→p.36）**
从需要排长队入馆的梵蒂冈博物馆开始参观。

● **圣彼得大教堂（→p.40）**
在圣彼得大教堂感受米开朗琪罗设计的圆顶有多壮观。

PM

● **纳沃纳广场（→p.41）**
贝尔尼尼着手雕刻的大作装饰的广场。来自全世界的观光客集结于此，热闹非凡。

● **万神殿（→p.41）**
罗马古建筑中保存最完整的圆顶，是必须一看的。纳沃纳广场到万神殿一带，有很多咖啡店、餐馆和冰激凌店。饭后记得尝尝冰激凌哦。

● **特莱维喷泉（→p.46）**
18世纪修建的巴洛克风格的壮观喷泉。挨着波利宫的这座喷泉有海神特里同和尼普顿的英姿，仿佛进入了神话世界一样。

第2天

AM

● **西班牙广场一带（→p.46）**
把自己想象成电影《罗马假日》里的奥黛丽·赫本坐在西班牙台阶上试试吧。广场正面是名牌店林立的孔多蒂大街。也有餐馆和咖啡店。

PM

● **古罗马广场（→p.42）**
这里是古罗马的政治、经济中心所在地，走走罗马帝国的皇帝们曾经走过的路吧。

名雕刻聚集的纳沃纳广场

汇集全世界信奉者、观光客的梵蒂冈圣彼得广场

玻璃制的梵蒂冈博物馆门廊

● **斗兽场（→p.44）**
能容纳约5万人的古代圆形竞技场。

● **“真实之口”（→p.45）**
电影《罗马假日》里奥黛丽·赫本试着将手伸进去的地方。也试试将手伸进有海神波塞冬像的大理石雕刻吧。

有『真实之口』的科斯美汀圣母教堂

高26米的大喷泉特莱维喷泉

model plan

经典之旅&艺术之旅的1日计划

推荐旅游线路

※以下介绍用完整一天来游览的计划

AM

- **梵蒂冈**
  梵蒂冈一带有很多老牌罗马料理店。参观结束后品尝一下传统料理吧。

PM

- **罗马国立博物馆（→p.47）**
  收藏了古罗马雕刻和马赛克作品等一级美术品的博物馆。
- **斗兽场**
  参观古代遗址区。
- **古罗马广场**
  可以参观曾经的共和制罗马的政治中心元老院等众多遗址。
- **卡比托利欧美术馆（→p.45）**
  展出古罗马雕刻的名作。
- **台伯河岸区（→p.48）**
  为罗马的平民区。有很多可以轻松享受罗马料理的老店、比萨店。可以在这里用餐。

古罗马的艺术品在这里欣赏 罗马国立博物馆（马西莫宫）

走在古罗马广场上，仿佛来到了古罗马

有很多餐馆，逛起来很开心的台伯河

model plan

享受购物&歌剧的一日计划

推荐旅游线路

※以下介绍用完整一天时间来游览的计划

AM

- **西班牙广场一带**
  以孔多蒂大街为中心，这里名牌店云集，光浏览一下橱窗也不错。
- **科尔索大街一带**
  孔多蒂大街往西是科尔索大街。人气店铺、购物中心一路都是。午饭也可以在这里解决。

PM

- **梵蒂冈**
  仔细参观梵蒂冈博物馆和大教堂。
- **斗兽场**
  感受古罗马之大。
- **欣赏歌剧**
  确认好想看的节目，事先预约好的话会很顺畅。

长188m、高48m的巨大设施斗兽场

有歌剧、芭蕾表演的歌剧院

罗马人的购物地科尔索大街

市内交通

罗马的市内交通工具有两条地铁线、巴士、电车和出租车。地铁作为出行工具很方便，但也有不好的一面，就是像纳沃纳广场、特莱维喷泉等景点乘地铁到不了。出租车和面向游客的旅游巴士也综合利用起来吧。

地铁 Metropolitana

票价：单次票€1.50

两条地铁线在特尔米尼站交汇。A线（Linea A）的标志性颜色是橙色，B线（Linea B）是蓝色。去西班牙广场和梵蒂冈的时候可以乘坐A线。去斗兽场、古罗马广场的话乘B线比较方便。首班发车时间是早上5点30分，末班发车时间是23点30分（周六末班发车时间是24点30分）。另外，C线也已经开通。C线连接斗兽场、威尼斯广场、奥塔维亚诺（梵蒂冈附近）。

地铁站入口处有大大的M标志

◆地铁票类别

地铁、巴士、电车的票都通用。单次票（BIT）在75分钟的有效时间内，地铁、巴士、电车可以相互换乘（但是地铁只能乘坐一次），票价€1.50。1日票（BIG）票价€6,3日票票价（BTI）€16.50。票除了在地铁站的自动售票机可以买到之外，还可以在特尔米尼站前的售票窗口、站内、巴士车站的报刊亭购买。1日票从盖章刻印起当天24小时内都有效。

票放入检票口门就会自动打开。车门多为自动开启的，也有需要按下按钮才开的半自动门。下车后，按照出口（Uscita）的标志就能找到出站检票口。

票面（右）上有票种和有效时间。有效时间内持票可以换乘巴士、电车

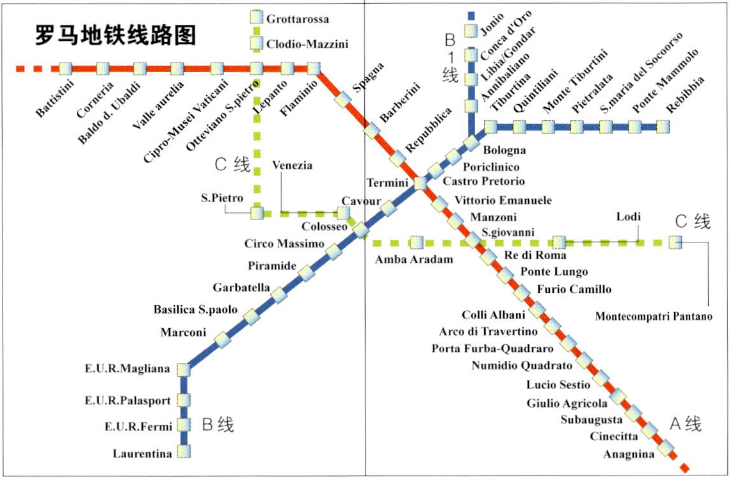

自动售票机的使用方法（以罗马为例）

自动售票机，普遍都是图片中的这种。首先，从4国语言中选择显示语言，然后选择票种。放入纸币或硬币后，取出车票和找零。

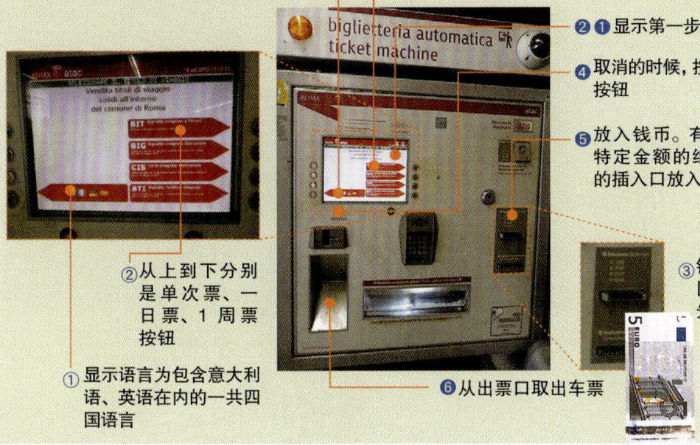

出租车 Taxi

票价：基础费用€3

市区内出行乘坐出租车很方便。上车后，要马上确认下计费器上是否显示基础费用，不要被收取额外的费用。很多出租车司机只会讲意大利语，要去哪可以指着地图告诉司机或者在纸上写给司机看。

在意大利，出租车一般不随叫随停。要么在出租车乘车点乘坐，要么拜托餐馆等地方叫车。在这种情况下，到达叫车地点前就开始算钱。基础费用是€3，每km累加€1.10。深夜（22点~第二天早上6点）、周日·节日还要分别加收€3.50、€1.50的特殊费用。有行李箱也要加收费用，1个€1。机场到市内是固定金额€48。

正规出租车车身上有编号

巴士 Autobus

票价：单次票€1.50

线路比较复杂，记住几条观光可以乘坐的线路，旅游的话也能好好利用（线路请参照p.50）。车票与地铁、电车通用。单次票即便在有效时间内也只能乘坐一次地铁，但是巴士、电车的乘坐次数是没有限制的。

乘车时确认下要去的地方是怎么显示的

电车 Tram

票价：单次票€1.50

主要围绕罗马市的周边转。威尼斯广场发车的去往台伯河岸区的8路车和连接地铁B线马西莫竞技场站与波格赛公园的3路车等，观光都可以使用。

市民的代步工具

罗马
Roma
0
1km
托里奥法莱
TRIONFALE
P. za Bainzizza
维拉朱利亚博物馆 p.48
Museo Naz. di Villa Giulia
Viale Angelico
Viale G. Mazzini
P. za Giuseppe Mazzini
Via Flaminia
Viale d. Medaglie d'Oro
Via di Valle Aurelia
Circonvallazione Trionfale
p.55 Giacomelli
人民圣母教堂 p.46
Porta d. Popolo
A
B
Lepanto
Viale d. Milizie
波波洛广场
P.za d. Popolo
P.34~35
Ottaviano S. Pietro
Via Cola di Rienzo
Via Cipro
Cipro Musei Vaticani
p.63 罗马德里美丽尼酒店
P.32~33
梵蒂冈 p.36
Cittá del Vatican
Valle Aurelia
圣天使堡 p.40
Castél S. Angelo
P.za S. Pietro
圣彼得大教堂 p.40
S. Pietro
Montecitor
科隆纳
COLONN
Cornelia
Baldo d. Ubaldi
地铁A线
Linea Metro A
贾尼科洛
GIANICOLO
纳沃纳广场
P. za Navona
Corso Vitt. Eman. II
Lung. d. Tebaldi
Lung. d. Farnesina
S 通往Balgari Outlet方向 p.57
Staz. S. Pietro
Via Gregorio VII
奥雷利奥
AURELIO
奥莱利阿努斯城墙
Via delle Fornaci
贾尼科洛山
M. Gianicolo
马切罗剧
Teatro di Marce
Isola Tiberi
E
F
圣卡利斯托广场
Piazza S. Calisto
Corsetti 1921 p.53
多利亚·潘皮利公园
Villa Doria Pamphilli
台伯河岸区 p.48
Trastevere
Villa Sciarra
左下图
Viale dei Quattro Venti
Viale Trastevere
Viale Portuense
台伯河
泰斯塔桥
TESTACC
p.54 Trattoria da Felice
Piramide di Caio Ce
Staz. Trastevere
P.za d. Radio
Via Oderisi da Gubbio
Viale G. Marconi
J
S. Paolo Fuori le Mura
Basilic S. Paol
【S 去往Diffusione Tessile p.58】
↓菲乌尔米奇诺机场方向
加里波第大桥
Ponte Garibaldi
蒂贝里纳岛
Isola Tiberina
法布里西奥大桥
Ponte Fabricio
Via del Moro
Piazza De' Renzi
Lungotevere Raff. Sanzio
码头
阿万蒂诺河岸大街
索拉雷餐厅
圣台伯教堂
Santa Maria in Trastevere
Piazza S. Maria in Trast
Sabatini p.54
伦加雷塔大街
贝利广场
Piazza G. G. Belli
布特罗餐厅
塞斯提大桥
Ponte Cestio
罗马之家
P. za S. Sonnino
Via d. Lungaretta
电影院
皮西奴拉广场
Piazza in Piscinula
圣卡斯特广场
Paris in Trastevere p.53
圣基所恭圣殿
S.Crisogono
Cornucopia p.54
Piazza S. Calisto
圣玛利亚加利卡诺医院
Ospedale SS. Maria E Gallicano
里巴罗餐厅
P. za d. Panzani
卢恰诺阿纳拉大街
Via Luciano Manara
Popi Popi p.55
台伯河地区 p.48
TRASTEVERE
Via dei Salumi
古蒂餐厅
Via Vascellari
古伯河29号餐厅 アル29
Via Anicia
Via Genovesi
拉尔凯特餐厅
克斯马托广场
Piazza S. Cosimato
电影院
马斯塔伊教堂
Piazza Mastai
圣切奇利亚教堂
Santa Cecilia in Trastevere
【R 去往Corsetti 1921方向 p.53】
新医院
Ospedale Nuovo
大卖场
Monopoli di Stato
梅尔坎地广场
Piazza Mercanti
圣弗朗西斯科广场
Piazza S. Francesco d'Assisi
V. Mad. d. Orto
帕达卡餐厅
达威尔娜餐厅
莫罗西尼大街
Via E. Morosini
圣弗朗西斯科·里帕交通
Chiesa San Francesco a Ripa
文化部
Ministero D. Puubblica Istruzione
萨米宫
Palazzo Esami
Via di S. Michele
Lungotevere Ripa
文化部和财政部
Ministero dei Beni Culturali
Fiume Tevere
台伯河
台伯河
波特塞门市场 p.49
Lungotevere Aventino
台伯河地区
Trastevere
0
200m
波特赛门
苏布里奇桥
Ponte Sublicio
阿莱西奥教堂
S. Alessio

[H 去往罗马公爵酒店方向 p.63]
平恰诺
PINCIANO
p.63 罗马比佛利山庄大酒店 H
立近代美术馆
alleria Naz. d'Arte Moderna
佳斯别墅公园
Villa Borghese
波格赛美术馆 p.48
Museo e Galleria Borghese
Villa Albani
萨拉里奥
SALARIO
Corso Trieste
Viale Reg.Margherita
诺曼塔娜大街
Via Nomentana
Villa Torlonia
Via R. Lanciani
Via d.M.Tiburtini
Linea Metro B1
地铁B1号线
Viale XXI Aprile
Bologna
Pza. Bologna
Circonvallazione Nomentana
地铁B线
Linea Metro B
Tiburtina
蒂布尔蒂纳火车站
Staz. Tiburtina
C
D
p.30~31
Corso Italia
Porta Pinciana
Via Salaria
皮亚门广场
P. zale Porta Pia
Via Bari
Policlinico
Spagna
班牙广场 p.46
za di Spagna
Barberini
Via XX Settembre
翁贝托一世综合医院
Castro Pretorio
Viale Reg.Elena
H 罗马格洛巴斯贝斯特韦斯特酒店 p.62
Via Tiburtina
Cimitero di Campo Verano
Via di Portonaccio
d.Tritone
奎里纳莱山
Quirinale
Repubblica
P. za della Repubblica
Pza. dei Cinquecento
H 罗马佳乐斯酒店 p.62
罗马大学
Città Universitaria
S. Lorenzo Fuori le mura
奎里纳莱宫
alazzo
el Quirinale
Termini
特尔米尼火车站
Staz. Termini
Viale Castro Pretorio
特莱维
TREVI
Via Nazionale
Via Cavour
H 阿特内奥花园皇宫酒店 p.61
尼斯广场
za Venezia
马努埃莱二世纪念馆
Mon.a Vitt.Emanuele II
市政厅
Cavour
Pza. Vittorio Emanuele II
Vittorio Eman
p.56 Scoglio di Frisio
Viale dello Scalo S. Lorenzo
托里诺博物馆
seo Capitolini
Esquilino
Colosseo
蒙蒂
MONTI
Via Merulana
Viale Manzoni
Manzoni
P. za di Porta Maggiore
Via Prenestina
古罗马广场 p.42
Foro Romano
Via Labicana
H 意大利贝斯特韦斯特总统大酒店 p.62
H
帕拉蒂诺山
Palatino
斗兽场 p.44
Colosseo
G
君士坦丁凯旋门 p.44
"真实之口" p.45
co Massimo
圣·乔瓦尼·伊恩·拉特拉诺教堂
S. Giovanni in Laterano
S.Giovanni
Via Amba Aradam
Via Casilina
阿文蒂诺山
Aventino
Circo Massimo
切利奥
CELIO
阿文蒂诺
VENTINO
Via d. Terme
梅特罗尼亚门
Via magna Grecia
Via Aosta
Re di Roma
去往钱皮尼机场方向
卡拉卡拉大浴场 p.45
Terme di Caracalla
Ponte Lungo
托斯卡纳火车站
Staz. Tuscolana
Roma-Pantano
rta S. Paolo
amide
西皮奥尼公园
Parco degli Scipioni
Via di Caracalla
图斯科拉诺
TUSCOLANO
欧斯提亚火车站
Staz. Roma Ostiense
奥利阿斯城墙
Porta S. Sebastiano
Via Latina
Furio Camillo
地铁A线
Linea Metro A
Via Tuscolana
S
Eatray Roma
p.59
主去哪里教堂
Via Appia Nuova
Cli.Albani
Garbatella
奥斯迪恩赛环路
Circonvallazione Ostiense
Arco di Travertino
K
L
阿皮亚古道 p.52
Via Appia Antica
Via C.Colombo
加尔巴特拉
GARBATELLA
圣卡利斯托墓穴
Catacombe di San Callisto
塞巴斯蒂安教堂的地下墓穴
Catacombe di San Sebastiano
[梅戴拉陵墓]
Tangeziale Est

波波罗广场
Piazza del Popolo
p.55 Canova
双子教堂
圣山·玛利亚教堂
S. Maria di Montesanto
Cesari p.58
圣玛利亚米拉科利教堂
S. Maria di Miracoli
歌德博物馆
Casa di Goethe
艾迪餐厅
科尔索大道
Via del Corso
利贝塔大道
Via di Ripetta
里科尔迪
Gesù E Maria
圣·贾科莫医院
Ospedale S.Giacomo
Via A. Canova
Via della Frezza
Gusto p.58
古斯特餐厅
奥古斯都墓
Mausoleo di Augusto
p.32
奥古斯都广场
P. za Augusto Imperatore
托马切利大街
Via Tomacelli
Via dell' Arancio
贝佳斯宫
Pal. Borghese
P. za Borghese
贝佳斯大酒店
科隆纳
COLONNA
Via dei Prefetti
Viale G. D'Annunzio
Viale d. Obelisco
圣地奇大道
Viale Villa Medici
穆罗·托尔托大道
Viale del Muro Torto
Viale del Galoppatoio
马术竞技场
Galoppatoio
Viale d. Brasile
Viale S. Paolo
贝佳斯博物馆大道
Viale del Museo Borghese
p.63 NH维托里奥威尼托酒店
平恰纳城门
Porta Pinciana
p.63 维多利亚酒店
佛罗拉酒店
p.53 Andrea
别墅区
Villa Medici
Viale Trinità dei Monti
西班牙站
Spagna
p.63 罗马斯普莱迪德皇家酒店
Via di Porta Pinciana
Via Lazio
p.59 Palombi
Via Lombardia
萨沃伊酒店
维托里奥威尼托大街
Via Vittorio Veneto
Via Aurora
p.62 威斯汀罗马精品酒店
p.62 雷吉安博洛尼亚女王酒店
Via Emilia
Via Ludovisi
总统大酒店
硬石咖啡馆
罗马波斯克洛宫酒店
Via Liguria
罗马马吉斯特克大酒店 p.62
摩迪利亚尼酒店
骸骨寺
Chiesa di Santa Maria della Concezione
蜜蜂泉
Fontana d delle Api
国王大酒店 p.63
特里特内喷泉
巴贝里尼广场
Piazza Barberini
巴贝里尼
Barberini
国立绘画馆
（巴贝里尼宫殿）
Galleria Nazionale d'Arte Antica
(Palazzo Barberini)
Via Margutta
Via del Babuino
西班牙台阶艺术酒店 p.63
商店
Caffè Greco p.56
酒店
p.58 C.u.c.i.n.a
Prada p.60
艾特罗商店
p.60 Fratelli Fabbi
Via Belsiana
Via della Croce
西班牙广场 p.46
Piazza di Spagna
圣三一教堂
Trinità dei Monti
艾登酒店
哈斯拉别墅酒店
洲际大酒店
斯台普斯酒店
p.60 A Testoni
p.57 Blumarine
Bvlgari Outlet
西班牙阶梯
Sermonera Gloves商店 p.57
GUCCI p.60
广场大酒店
ZARA
路易·威登
H & M
芬迪
商务大酒店
博格诺娜大道
Via Borgognona
米涅内利广场
P.za Mignanelli
西斯廷大街
Via Sistina
因特尔大酒店
Via Gregoriana
Via F. Crispi
哥尔多尼广场
Large Goldoni
托德斯
瑞斯泊利宫
Pal. Ruspoli
卡斯特罗尼
帕拉提姆
p.57 Pinko
钱皮尼餐厅
西班牙宫
Pal. di Spagna
马切利大街
弗拉蒂纳大街
Via del Frattina
葡萄街
Via della Vite
中央邮局
Posta Centrale
Via della Mercede
Via Capo le Case
Via Due Macelli
Hamasei p.55
V. d. Bufalo
p.54 Colline Emiliane
米亚餐厅
理查德商店
乌皮姆商店
Via del Tritone
许愿池大街
Via Rasella
Via dei Giardini
Quattro Fontane
库特罗大酒店
圣·西尔维斯特广场
Piazza S. Silvestro
马里尼奥利宫
Pal. Marignoli
蒙特齐托里奥宫
Pal. di Montecitorio
坎普·马尔齐奥大道
Via di Campo Marzio
龙骨宫
pal. Chigi
La Rinascente p.59
科隆纳广场
Piazza Colonna
大卖场
Via Poli
Via d. Stamperia
面包店大街
Via Panetteria
Chiesa di San Carlo alle Quattro Fontane
奎里纳莱山
Giardino del Quirinale
面条博物馆
Museo Nazionale degli Spaghetti e delle Paste Alimentari
Via del Quirinale
p.56 Giolitti
咖啡馆
阿尔贝克九丹
菲米尔利塔商店
当地特色餐厅
大卖场
p.32
Tazza d'Oro p.56
艾鲁餐厅
马克·奥雷洛圆柱
Colonna di Marco Aurelio
Pal. Ferraioli
切扎利酒店
证券交易所
Borsa
Via delle Muratte
Via Minghetti
特莱维喷泉 p.46
Fontana di Trevi
达塔利亚大街
Via d. Dataria
奎里纳莱宫殿
Palazzo del Quirinale
圣安德烈亚教堂
Chiesa di Sant' Andrea al Quirinale
市立展览馆
Palazzo delle Eposizioni
罗通达广场
Piazza Rotonda
万神殿 p.41
Pantheon
卡尔特莱利亚商店
Via Seminario
旧罗马大学
Collegio Romano
科尔索大街
Via del Corso
Via dell' Umiltà
奎里纳莱广场
P. za del Quirinale
P. za d. Pilotta
圣蒂西米·阿波斯特利教堂
SS. Apostoli
Via d. Pilotta
Villa Colonna
5月24日通り
Via XXIV Maggio
许愿池
TREVI
Via della Consulta
Via Parma
休闲商
神庙遗址圣母堂
Chiesa di Santa Maria Sopra Minerva
潘特涅瓦广场
Piazza d. Minerva
米内尔瓦大酒店
圣基拉酒店
V. d. Torre Argentina
V. d. Cestari
奥黛丝卡尔基宫
Pal. Odescalchi
科隆纳宫（科隆纳绘画馆）p.47
Palazzo Colonna
民族街
Via Nazionale
意大利银行
Banca d' Italia
多利亚潘菲斯宫殿
（美术馆）
Palazzo Doria Pamphili
e Galleria Doria Pamphili
11月4日大街
安东内里宫
Antonelli
霍姆商店
表决大街
Via del Plebiscito
赫尔贝蒂卡酒店
IV Novembre
马涅纳波利广场
Largo Magnanapoli
Via Mazzarino
阿根廷广场
Largo di Torre Argentina
耶稣广场
耶稣教堂
Chiesa di Gesù
丽塔·弩奇
威尼斯宫殿
Pal. Venezia
威尼斯广场 p.44
Piazza Venezia
P. za S. Marco
图拉真广场 p.45
Foro Traiano
博德莱商店
阿根廷神殿遗迹
V. d. Botteghe Oscure
圣马可大街
Via S. Marco
8号电车始发站
维托里奥·埃马努埃莱二世纪念堂
Mon. a Vitt. Emanuele II
图拉真
Foro di Augusto
Via Alessandrina
d. Goti
Via S. Agata
Cenci Bolognetti
卡埃塔尼宫
Pal. Caetani
M. Odescalchi
V. d. Funari
罗马广场
Foro di Cesare
Via dei Fori Imperiali
去往斗兽场方向 p.44
Via Baccina
Via Madonna dei Monti
p.33

特尔米尼/奎里纳莱山
Termini / Monte Quirinale
0
400m
去往罗马比佛利山庄大酒店方向 p.63
大河广场
Piazza Fiume
Via Bergamo
Via Nomentana
Corso d' Italia
意大利大街
Via Campania
撒丁大道
Via Sardegne
罗马涅大道
Via Romagna
Via Sicilia
Via Lucania
Via Calabria
Via Piave
Corso d'Italia
皮亚门广场
Piazzale di Porta Pia
皮亚门
Porta Pia
交通运输部
Ministero dei Trasporti
威尼托酒店
Via Abruzzi
Via Toscana
艺术剧场
Teatro delle Arti
邦坎帕尼大街
Via Boncompagni
Via Collina
玫瑰花园宫酒店
p.62
赛尔斯蒂奥广场
Piazza Sallustio
Via Piemonte
Via Lucullo
Via Q. Sella
Via Flavia
Via Sallustiana
萨鲁斯蒂纳大道
Via Carducci
Via Aureliana
9月20日大道
p.56 Trimani II Wine Bar
财政部
Ministero del Tesoro e del Bilancio
Via G.
Via Salandra
切尔纳亚大道
p.34·35
梵蒂冈
Citta del Vatican
西班牙广场
Pza di Spagna
特尔米尼火车站
Staz Termini
许愿泉
p.32·33
罗马竞技场
Colosseo
农林业部
Ministero dell' Agricoltura e delle Foreste
Via S. Nicola da Tolentino
Bissolati
巴贝里尼大道
Via Barberini
胜利之后圣母教堂
Chiesa di Santa Maria della Vittoria
Via Pastrengo
Via Cernaia
Via Goito
戈伊托大街
Via Castelfidardo
Via S. Martino d. Batt.
Viale Castro Pretorio
罗马加雷斯酒店
p.62
警察局
圣苏珊娜大教堂
Chiesa di Santa Susanna
罗马旅游局
Via Volturno
Via Gaeta
罗马风中玫瑰酒店
p.62
Piazza Indipendenza
罗马JCB广场
圣雷吉斯罗马酒店 p.61
罗马国家博物馆
Museo Nazionale Romano
V. Bachelet
Via Vicenza
圣贝尔纳尔德广场
P. za S. Bernardo
Via Torino
安杰利圣母教堂
Basilica di Santa Maria degli Angeli
Via Magenta
Via Varese
Via Marghera
共和国广场
Piazza della Repubblica
共和国大街
Repubblica
餐厅
Via dei Mille
利索尔餐厅
国防部
Ministero della Difesa
Roma Mitsukoshi p.59
Viale E. de Nicola
五百人广场
Piazza dei Cinquecento
Sacro Cuore di Gesu
米诺餐厅
Via Milazzo
Via Modena
p.61 罗马博斯科莱艾科拉酒店
Viale L. Einaudi
马西莫宫
Palazzo Massimo
110号巴士始发站
科里亚之家酒店
四喷泉大道
Via delle Quattro Fontane
夜店
奎里纳莱酒店
罗马戴安娜酒店 p.61
罗马尼扎酒店 p.62
机场巴士始发站
罗马国立博物馆（马西莫宫）p.47
大型超市
大型超市
Via Castro Pretorio
歌剧院
Teatro dell' Opera
托里诺酒店 p.61
罗马大西洋酒店 p.61
Termini
特尔米尼站
特尔米尼火车站
Stazione Centrale di Termini
玛莎拉大道
Via Marsala
警察局
民族街
Via Nazionale
Via Firenze
科隆皮亚酒店
Via Napoli
p.61 维景星光酒店
Via Giovanni Amendola
马西莫酒店 p.61
p.62 罗马阿特米德酒店
Via A. Depretis
维米纳莱大街
Via Viminale
p.61 罗马环球贝斯特韦斯特酒店
普林西比·阿米德奥大街
Via Principe Amedeo
Green Line旅行社（旅游大巴始发站）
机场巴士始发站
维米纳莱广场
Pza. del Viminale
p.62 罗马圣雷莫酒店
麦当劳
Coin p.59
Via Palermo
Via Torino
Via Gioberti
旅游咨询处
快餐厅
Via Daniele Manin
阿尔贝哥特蒂酒店 p.62
罗马焦贝蒂酒店 p.61
内政部
Ministero dell' Interno
Via Cesare Balbo
Linea Metro B
Via Farini
加利佛尼亚大酒店
乔旺尼·乔利蒂大道
Via Giovanni Giolitti
圣·布登齐雅娜教堂
Chiesa di Santa Pudenziana
埃斯奎利诺广场
P. za d. Esquilino
地铁B线
Via Urbana
圣玛利亚教堂
Basilica di Santa Maria Maggiore
大型超市
Via Filippo Turati
Via S. Maria Maggiore
地铁A线
Via C. Cattaneo
Panisperna
梅斯纳特宫酒店 p.61
Via Napoleone III
Linea Metro A
Via Capocci
卡威尔大街
Via Cavour
Via Paolina
罗马波普特
Via Olmata
Via dell'
SAS酒店
Via Cimarra
Via Quattro Cantoni
圣普拉赛德教堂
Basilica di Santa Prassede
帕拉提诺大酒店 p.61
Via Sforza
p.53 Agata e Romeo
Via S. Vito
Via Carlo Alberto
Via Mamiani
Via degli Zingari
Via S. Martino ai Monti
Via Merulana
p.56 Trattoria Monti
维托里奥·埃马努埃莱站
Vittorio Emanuele
蒙蒂 Monti
卡威尔站
Cavour
Via Leonina
Via Giovanni Lanza
Largo Venosta
Via in Selci
布兰卡乔宫（国家东洋美术馆）
Pal. Brancaccio Museo Naz. D' Arte Orientale
Via d. Statuto
维托里奥·埃马努埃莱二世广场
Piazza Vittorio Emanuele II
La Bottega del Cioccolato p.60
圣彼得镣铐教堂
Basilica di San Pietro in Vincoli
去往Scoglio di Frisio 方向 p.56

威尼斯广场/纳沃纳广场
Piazza Venezia / Piazza Navona
0
400m
N
大型超市
p.35
卡威尔广场
Piazza Cavour
和平祭坛博物馆
Museo dell'Ara Paci
安东尼尼・艾斯佩利亚大咖啡馆
科隆纳大道 Via V. Colonna
卡威尔大桥
Ponte Cavour
码头
圣天使城 p.40
Castél San Angelo
Mausoleo di Adriano
Casa Madre dei Mutilati
Via Triboniano
法院
Palazzo di Giustizia
Via Ulpiano
Lungotevere Prati
法院广场
Piazza dei Tribunali
坎帕纳餐厅
旅游咨询处
城堡河岸大道 Lung. Castello
翁贝托一世大桥
PonteUmberto I
Lungotevere Marzio
Via di Monte Brianzo
斯克罗法大道
Via della Scrofa
翁贝托一世大桥广场
Piazza Ponte Umberto I
圣天使大桥
Ponte S. Angelo
Via dell'Orso
波尔托盖西酒店
沃尔贝蒂
伊尔・昆维索尔维
维托里奥・埃马努埃莱二世大桥
Ponte Vittorio Emanuele II
码头
托儿・迪・诺娜河岸大道
Lungotevere Tor di Nona
Via Zanardelli
圣阿戈斯蒂诺大教堂
Chiesa di San't Agostino
罗马国家博物馆
Pal. Altemps
p.35
保利广场
Piazza P.Paoli
Via Paola
Via S. Spirito
Via Banco di
Via di Panico
科隆纳大街
Via del Coronari
塔威尔娜宫
Pal. Taverna
Via d. Vetrina
贝尔尼尼咖啡馆
S. Apollinare
海王星喷泉
昆齐和加布里艾利餐厅
拉菲尼亚酒店
Via delle Coppel
p.58 Citta' Del Sole
圣玛利亚和平教堂
Chiesa di Snata Maria della Pace
塔索尼广场
Largo Tassoni
Corso Vittorio Emanuele II
阿米德奥王子大桥
Ponte Principe Amedeo
圣王路易教堂 p.41
Chiesa di San Luigi dei Francesi
圣玛利亚圣灵教堂
Chiesa di Santa Maria dell' Anima
Via dei Governo Vechio
纳沃纳广场 p.41
Piazza Navona
四大喷泉
上院
Pal. Madama Senato
卡尔特莱利亚商店
卡尔迪纳尔酒店
斯福尔扎・切萨雷尼宫
Pal. Sforza Cesarini
旧政府宫
Pal. del Governo Vecchio
阿尼亚大道
餐厅
Corso del Rinascimento
泰巴尔迪河岸大街
Lungotevere dei Sangallo
新教堂
Chiesa Nuova
新教堂广场
Piazza della Chiesa Nuova
维托里奥・埃马努埃莱二世大街
摩尔人喷泉
智慧宫
Pal. D. Sapienza
Via d. Banchi Vecchi
茱莉亚大街
餐厅
布拉斯奇宫
Pal. Braschi
诺维拉药房
p.59
圣提沃教堂
Chiesa di Sant'ivo
贾尼科伦塞河岸大街
Lungotevere Gianicolense
罗马博物馆
Museo di Roma
Via del Pellegrino
丽娜西蒙特酒店
大型超市
维托里奥・埃马努埃莱二世大街
马西莫宫
Palazzo Massimo
山谷剧场
Teatro Val
大臣宫
Palazzo della Cancelleria
巴洛克美术馆
Museo Barracco
马志尼大桥
Ponte G. Mazzini
教堂
Via Giulia
蒙塞拉托大道
Via Monserrato
卡贝拉里大道
Via dei Cappellari
Ditirambo p.55
酒店
Antonangeli
p.57
圣安德烈亚・迪拉・瓦莱教堂
San Andrea della Valle
Corso Vitt
泰巴尔迪河岸大街
Lungotevere dei Tebaldi
剧
Teatr
Argentin
科埃利女王监狱
Carcere Regina Coeli
花园广场
Campo de' Fiori
花园酒店
餐厅
法尔内赛广场
Piazza Farnese
里盖蒂宫
Pal. Righetti
Via dei Farnesi
餐厅
佛尔诺商店
Via dei Giubbonari
阿莱努拉
Largo Are
p.34-35
p.30-31
梵蒂冈
Citta del Vatican
西班牙广场
Pza di Spagna
特尔米尼火车站
Staz. Termini
许愿泉
罗马斗兽场
Colosseo
法尔内塞宫
Palazzo Farnese
V. d. Mascherone
斯帕达宫(绘画馆)
Palazzo Spada e Galleria Spada Museo
洛谢丽餐厅
Via d. Specchi
Via Arenula
台伯河
Fiume Tevere
法尔内吉纳河岸大街
码头
西斯托大桥
Ponte Sisto
Via d. Pettinari
Via d. Conservatorio
司法部
Min. di Grazia e Giustizia
阿莱努拉大道
先驰
Pal Ce
Via Corsini
托洛尼亚宫
Pal. Torlonia
塞蒂马纳门
Porta Settimana
罗马大学植物园
Orto Botanico
V. Benedetta
特里鲁萨广场
Piazza Trilussa
瓦拉蒂河岸大街
V. d. Zoccolette
L. dei Vallati
先驰河岸大街
圣玛利亚・迪拉・斯卡拉教堂
S. M. D. Scala
餐厅
Via Garibaldi
V. d. Bologna
V. del Moro
V. d. Politeama
加里波第大桥
Ponte Garibaldi
台伯河岛
Isola Tiberi
A B E F I J

奥古斯都陵墓
Mausoleo di Augusto
卡洛茨大道
Via delle Carrozze
p.58 C.u.c.i.n.a
Prada
p.60
p.30
西班牙台阶
哈斯拉别墅酒店
洲际大酒店
维拉酒店
Via Liguria
工业部
Ministero Industria Commercio e Artigianato
奥古斯都广场
P. za Augusto Imperatore
p.56 Caffè Greco
p.60 A Testoni
Blumarine
p.57
广场大酒店
Gucci
p.60
Sermonera Gloves p.57
米尼亚内里广场
P.za Mignanelli
Bvlgari
p.60
Crispi
Via d. Artisti
骸骨寺
Chiesa di Santa Mariadella Concezione
马切利大道
Via Tomacelli
Via dell' Arancio
哥尔多尼广场
Large Goldoni
孔多蒂大道
Via dei Condotti
西班牙广场
Pal. di Spagna
马切利大道
Via Gregoriana
蜜蜂喷泉
Fontana d delle Api
酒店
博尔戈尼奥那大道
Via Borgognona
路易・威登
西斯廷大道
Via Sistina
国王酒店 p.68
巴尔贝里尼站
Barberini
贝佳斯宫
Pal. Borghese
特兹商店
瑞斯泊利宫
Pal. Ruspoli
钱皮尼
弗拉蒂纳大道
Via Frattina
Via della Vite
Via Capo le Case
D
Piazza Borghese
贝佳斯大酒店
凯特罗尼
葡萄街
Via della Mercede
巴贝里尼广场
Piazza Barberini
帕拉提乌姆
p.57 Pinko
中央邮局
Posta Centrale
滨清 p.55
Via Due Macelli
C
科索尔大街
圣西尔维斯特罗广场
Piazza S. Silvestro
V. d. Bufalo
餐厅
Collone Emiliance
p.54
Via dei Prefetti
议会广场
P. za d. Parlamento
马黎诺里宫
Pal. Marignoli
Via del Tritone
理查德卖场
Rasella
Via dei Giardini
坎普・马尔齐奥大道
Via di Campo Marzio
许愿池大街
乌皮姆商店
蒙特齐托里奥宫
Pal. di Montecitorio
文艺复兴百货公司
Calcografia
Via d. Stamperia
Via Panetteria
潘包尼大街
奎里纳莱山
Giardino del Quirinale
龙骨宫
pal. Chigi
La Rinascente
p.59
大型卖场
Via Poli
卡佩纳宫
Giolitti
p.56
棕榈冰激凌店
蒙特齐托里奥广场
P. za di Montecitorio
圆柱广场
Piazza Colonna
p.30
面条博物馆
Museo Nazionale degli Spaghetti e delle Paste Alimentati
马可・奥雷洛圆柱
Colonna di Marco Aurelio
许愿泉 p.46
Fontana di Trevi
菲米尼利塔
Pal. Ferraioli
Via delle Muratte
奎里纳莱宫
Palazzo del Quirinale
阿尔贝戈酒店
证券交易所
Borsa
切扎利餐厅
Via Minghetti
Teatro Quirino
达塔利亚大街
Via d. Dataria
奎里纳莱大街
Via del Quirinale
特色卖场
Tazza d'Oro p.56
艾尔餐厅
夏拉宫
Pal. Sciarra
Via dell' Umiltà
奎里纳莱广场
P.za del Quirinale
Via Seminario
科索尔大道
Via del Corso
Via della Consulta
罗通达广场
Piazza Rotonda
佩利卡诺商店
旧罗马大学
Collegio Romano
P.za d. Pilotta
法院
Corte Costituzionale
万神殿 p.41
Pantheon
G
圣阿波斯托利教堂
SS. Apostoli
H
5月24日大街
Piazza d. Minerva
神庙遗址圣母堂
Chiesa di Santa Maria Sopra Minerva
奥黛丝卡尔基
Pal. Odescalchi
Via d. Pilotta
Villa Colonna
圣塔基亚拉酒店
圆柱宫殿（绘画馆）p.47
Pal. Colonna
民族大街
Via Nazionale
米内尔瓦高级酒店
多利亚潘菲利宫殿（美术馆）
Palazzo Doria Pamphilj e Galleria Doria Pamphilj
Via XXIV Maggio
意大利银行
Banca d' Italia
V. d. Cestari
阿根廷广场
Largo di Torre Argentina
11月4日大街
Via IV Novembre
Via Mazzarino
Altieri
佩斯・海尔贝蒂卡酒店
霍姆商店
表决大街
Via del Plebiscito
Manuele
威尼斯宫
Pal. Venezia
威尼斯广场 p.44
Piazza Venezia
马涅纳波利广场
Largo Magnanapoli
p.30
丽塔・餐奇
耶稣广场
Piazza del Gesù
耶稣教堂
Chiesa di Gesù
图拉真广场 p.45
Foro Traiano
图拉真博物馆
Museo dei Fori Imperiali
阿根廷神殿遗迹
圣・马可大道
Via S. Marco
8号电车车站
奥古斯都广场
Foro di Augusto
V. d. Botteghe Oscure
Cenci Bologmetti
维托里奥・埃马努埃莱二世纪念堂
Mon. a Vitt. Emanuele II
卡埃塔尼宫
Pal. Caetani
Via d'Ara Coeli
帝国大道
Via Alessandrina
Via Baccina
凯撒广场
Foro di Cesare
V. d. Funari
卡比托利欧美术馆 p.45
Musei Capitolini
卡比多利尼博物馆
Palazzo Nuovo
去往罗马竞技场方向
K
科隆纳宫
卡比多利尼广场
Piazza del Campidoglio
元老院
Curia
L
Via dei Fori Imperiali
卡威尔大道
Via Cavour
门廊大道
Via Portico
马切罗剧院大道
Via del Teatro di Marcello
保守人博物馆
Museo dei Conservatori
塞维鲁凯旋门
Arco di Settimio Severo
出入口
Via Catalana
圆柱
旅游咨询处 p.44
Lungotevere dei Cenci
马切罗剧院遗址
Teatro di Marcello
卡比多利尼山
Campidoglio
Via d. Consolazione
圣道
圆柱
Basilica Julia
罗姆斯神殿
古罗马广场 p.42
Foro Romano
法布里奇奥大桥
Ponte Fabricio
法特贝内拉特里医院
Ospedale Fatebenefatelli
安慰广场
P. za d. Consolazione
Via d. Foraggi
马森齐奥大教堂
Basilica di Massenzio

梵蒂冈/圣天使城
Citta del Vaticano / Castel San't Angelo

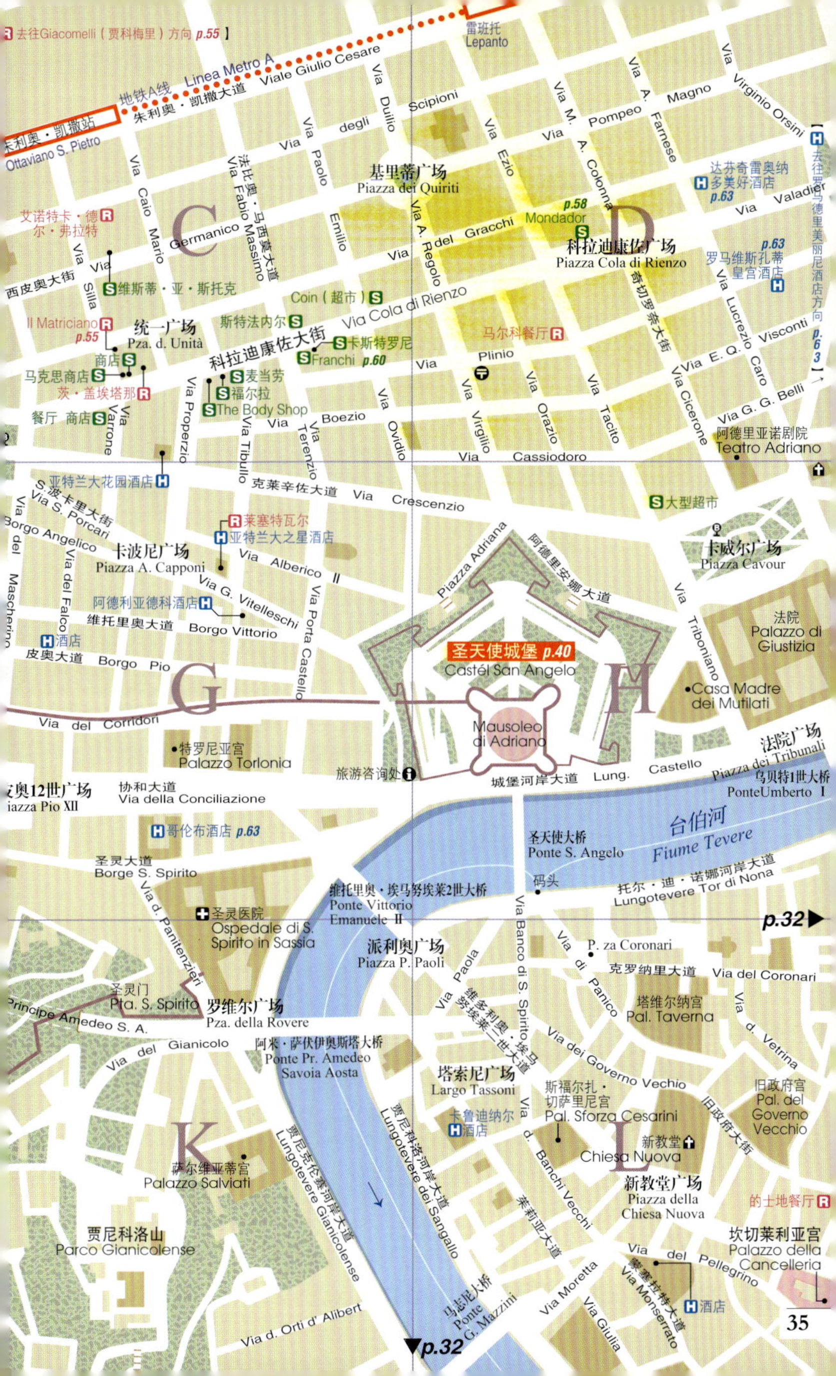

去往Giacomelli（贾科梅里）方向 p.55
雷班托
Lepanto
地铁A线 Linea Metro A
朱利奥·凯撒大道 Viale Giulio Cesare
朱利奥·凯撒站
Ottaviano S. Pietro
Via Duilio
Via Scipioni
Via degli Scipioni
Via Paolo Emilio
Via Caio Mario
法比奥·马西莫大道 Via Fabio Massimo
基里蒂广场
Piazza dei Quiriti
Via Ezio
Via M. Colonna
Via A. Farnese
Via Pompeo Magno
Via Virginio Orsini
达芬奇雷奥纳多美好酒店
p.63
去往罗马德里美丽尼酒店方向 p.63
Via Valadier
艾诺特卡·德尔·弗拉特
Via Germanico
Via Silla
西皮奥大街
维斯蒂·亚·斯托克
Via A. Regolo
Via del Gracchi
p.58
Mondador
D
科拉迪康佐广场
Piazza Cola di Rienzo
p.63
罗马维斯孔蒂皇宫酒店
Coin（超市）
Via Cola di Rienzo
斯特法内尔
Il Matriciano p.55
统一广场
Pza. d. Unità
科拉迪康佐大街
卡斯特罗尼
Franchi p.60
马尔科餐厅
普切罗奈大街
Via Lucrezio Caro
Via Visconti
Via E. Q. Visconti
商店
马克思商店
茨·盖埃塔那
餐厅 商店
麦当劳
福尔拉
The Body Shop
Via Properzio
Via Tibullo
Via Terenzio
Via Boezio
Via Ovidio
Via Plinio
Via Virgilio
Via Orazio
Via Tacito
Via Cicerone
Via G. G. Belli
阿德里亚诺剧院
Teatro Adriano
Via Varrone
Via Cassiodoro
亚特兰大花园酒店
克莱辛佐大道 Via Crescenzio
大型超市
S.波卡里大街
Via S. Porcari
Borgo Angelico
Via del Mascherino
莱塞特瓦尔
亚特兰大之星酒店
卡波尼广场
Piazza A. Capponi
Via Alberico II
阿德里安娜大道
Piazza Adriana
卡威尔广场
Piazza Cavour
Via G. Vitelleschi
Via del Falco
阿德利亚德科酒店
维托里奥大道 Borgo Vittorio
Via Porta Castello
Via Triboniano
法院
Palazzo di Giustizia
酒店
皮奥大道 Borgo Pio
圣天使城堡 p.40
Castel San Angelo
G
H
Casa Madre dei Mutilati
Via del Corridori
Mausoleo di Adriano
特罗尼亚宫
Palazzo Torlonia
旅游咨询处
城堡河岸大道 Lung. Castello
法院广场
Piazza dei Tribunali
乌贝特1世大桥
PonteUmberto I
奥12世广场
iazza Pio XII
协和大道
Via della Conciliazione
哥伦布酒店 p.63
台伯河
Fiume Tevere
圣天使大桥
Ponte S. Angelo
码头
托尔·迪·诺娜河岸大道
Lungotevere Tor di Nona
圣灵大道
Borge S. Spirito
维托里奥·埃马努埃莱2世大桥
Ponte Vittorio Emanuele II
p.32
Via d. Penitenzieri
圣灵医院
Ospedale di S. Spirito in Sassia
派利奥广场
Piazza P. Paoli
Via Banco di S. Spirito
P. za Coronari
Via di Panico
克罗纳里大道
Via del Coronari
圣灵门
Pta. S. Spirito
罗维尔广场
Pza. della Rovere
Via Paola
维多利奥·努埃莱二世大道
塔维尔纳宫
Pal. Taverna
Via d. Vetrina
Principe Amedeo S. A.
Via del Gianicolo
阿米·萨伏伊奥斯塔大桥
Ponte Pr. Amedeo Savoia Aosta
塔索尼广场
Largo Tassoni
Via dei Governo Vechio
斯福尔扎·切萨里尼宫
Pal. Sforza Cesarini
旧政府宫
Pal. del Governo Vecchio
旧政府大街
卡鲁迪纳尔酒店
K
L
新教堂
Chiesa Nuova
萨尔维亚蒂宫
Palazzo Salviati
贾尼克伦塞河岸大道
Lungotevere Gianicolense
贾尼科洛河岸大道
Lungotevere dei Sangallo
Via d. Banchi Vecchi
新教堂广场
Piazza della Chiesa Nuova
的土地餐厅
茱莉亚大道
坎切莱利亚宫
Palazzo della Cancelleria
贾尼科洛山
Parco Gianicolense
Via del Pellegrino
蒙塞拉特大道
Via Monserrato
Via Moretta
Via Giulia
酒店
马志尼大桥
Ponte G. Mazzini
Via d. Orti d' Alibert
p.32

梵蒂冈周边

Vaticani

世界最大规模的有质有量的美之宝库梵蒂冈博物馆和圣彼得大教堂等罗马观光最大的看点都集中在这一带。周边还有很多罗马料理老店、商店，散步也不错。

梵蒂冈博物馆

Musei Vaticani

地图p.34-B

交 从地铁A线Cipro Musei Vaticani站步行10分钟
营 9:00~18:00（入馆是~16:00，每月最后一个周日是~14:00）除每月最后一个周日之外的周日、1/1、1/6、2/11、3/19、复活节、复活节后的周一、5/1、6/29、8/14、8/15、11/1、12/25、12/26休息 € €16（每月最后一个周日免费参观）

被誉为世界最大规模文化遗产的美术馆。历代罗马教皇的收藏品等各代一流艺术家的美术作品，在100多个博物馆、美术馆、宫殿展出。

最大的看点是因米开朗琪罗大作天顶画《最后的审判》而闻名的西斯廷礼拜堂。另外，收藏有拉斐尔、列奥纳多·达·芬奇等意大利巨匠的绘画作品的绘画馆等值得一去的地方也很多。

展览路线全长7km。还专为没时间的人准备了快速参观路线，参观时间约1小时30分钟。内部构造像迷宫一样常常比较混乱，最好多留点时间来参观。

内部有餐馆、咖啡店，还有收费的讲解器可租用。参观途中有梵蒂冈邮局，漂亮的原创邮票可以留作纪念哦。

历代教皇的美术收藏品乃镇馆之宝

◆比奥·克莱孟美术馆

比奥·克莱孟美术馆（Museo Pio-Clementino）是1700年代后半期教皇克莱孟14世和比奥6世创建的。围着中庭的小屋里展出着《拉奥孔》《观景楼的阿波罗》《英雄躯体》等希腊·罗马时代的雕刻杰作。《拉奥孔》是1506年在斗兽场附近发现的。《观景楼的阿波罗》是雅典的青铜像原作的大理石仿制品，可谓古代艺术的最高峰。全部都是文艺复兴时期的教皇们争相收藏的美术品。

1506年在尼禄帝的黄金宫中发现的《拉奥孔》

◆拉斐尔画室

由4个房间组成的拉斐尔画室（Stanze di Rarraello），原本是尤利乌斯二世的书房兼图书室，拉斐尔对其进行了室内装修，所以画室本身就是一件美术品。描绘真善美主题壁画的签名间的《雅典学院》必须一看。文艺复兴时期，很多绘画作品都会以当代著名人

小知识

偷看天顶画的拉斐尔

建筑家布拉曼特有礼拜堂的钥匙，在米开朗琪罗暂时中断天顶画创作的时候，给他的亲戚拉斐尔创造了偷看创作中的天顶画的机会，因为他想着这份天顶画的工作哪怕分一半给拉斐尔也好。看过米开朗琪罗工作状态之后的拉斐尔，马上将正在创作中的《圣奥古斯汀教堂的预言者以赛亚》重新描绘了，描绘得栩栩如生。据说，偷看给了他刺激，从此之后拉斐尔的作品多了份威严和跃动感。

绘画作品《雅典学院》

物为原型，这幅画也是以当时的名人为原型创作的。例如，画面中央，台阶上那个穿红色衣服的老人柏拉图的原型是达·芬奇。在前面台阶下撑着胳膊思考问题的赫拉克利特的原型是米开朗琪罗。文艺复兴时期的巨匠们在画中汇聚一堂。

◆西斯廷礼拜堂

西斯都四世从1477年开始花了3年建造的西斯廷礼拜堂（Cappella Sistina）是梵蒂冈博物馆的亮点，后来因为尤利乌斯二世让米开朗琪罗画的天顶画和《最后的审判》而闻名。

米开朗琪罗没有画湿壁画的经验，最初拒绝了这项工作，但是教皇实在太热心了，才无奈接受了，其实是他的对手布拉曼特想让他出丑，给教皇出的点子。

创作时从佛罗伦萨召集了有经验的人，但是能让米开朗琪罗满意的画家一个都没有，于是最终还是自己一个人完成的。据说，由于创作的4年期间总是仰着头，米开朗琪罗在看书的时候、记笔记的时候都有仰着头的习惯。

米开朗琪罗的杰作《最后的审判》。描绘了在世界终结时再降临的基督处罚所有人类和死者的情景

天顶画完成后的20年间，米开朗琪罗都没有接受任何工作，在他60岁的时候，受保罗三世之托，他开始着手创作《最后的审判》。据说米开朗琪罗将创世纪的9个场面分为450个部分，每天创作1个部分。

◆绘画馆

Pinacoteca藏有历代教皇的收藏品，是一座有15间展室的美术馆。卡拉瓦乔的最佳杰作《基督下葬》、拉斐尔的代表作《基督变容图》、列奥纳多·达·芬奇的未完成的杰作《圣希罗尼穆斯》、乔托的《斯特凡内斯奇的祭坛画》等名作在此展出。

梅洛佐·达·福尔利作品《奏乐天使》

小知识

将抵抗势力在画中推向地狱？

《最后的审判》这幅画中，地狱门卫是教皇厅的教廷大司仪切塞纳。他在米开朗琪罗创作时来视察过，批评说裸体太多。米开朗琪罗很气愤，说他不懂艺术。于是画中的地狱门卫就以他为原型创作了。而且仔细看的话会发现画中男子要害之处被蛇咬着。教廷大司仪的权力仅次于教皇，可见米开朗琪罗有多可怕。

意大利艺术珍宝荟萃之地
梵蒂冈博物馆

世界最大级的重要文化遗产，亦被称为美的迷宫。最值得一看的是有米开朗琪罗的大作《天顶画》《最后的审判》的西斯廷礼拜堂。此外，还有藏有代表意大利的绘画的绘画馆、收集古代雕刻的比奥·克莱孟博物馆、教皇国地图用湿壁画描绘的地图陈列廊等很多博物馆、美术馆、宫殿。展览路线全长7km。内部有餐馆、咖啡店，还有自助讲解器可以租用。

拉斐尔画室
Stanze di Raffaello

《雅典学院》

作品位于教皇尤利乌斯二世曾经的书房兼图书室的签名间。这是拉斐尔25岁时的作品，是以古代有名哲学家和文艺复兴时期艺术家为原型创作的。

●亚里士多德
柏拉图的弟子亚里士多德。手掌朝地，针对柏拉图提倡的理想主义倡导地上的"理性"。

●柏拉图
走在画面中央的是古希腊的哲学家柏拉图。右手指着天，表示思想的源泉"理念世界"。原型是达·芬奇。

●赫拉克利特
在画面前方一人独自沉思的是忧郁的哲学家赫拉克利特。穿着石匠衣服的米开朗琪罗是他的原型。

西斯廷礼拜堂
Cappella Sistina

《最后的审判》

●审判人
举起的手引起巨大的龙卷风。

●圣母玛利亚
目光避开末日的恐怖光景。

●圣巴托洛米奥
罗马的守护圣人之一。手持人皮。令人痛心的人皮据说是米开朗琪罗自身的自画像。

●天使们
天使们吹响告知审判的喇叭。左侧分为升入天国的人和降入地狱的人。

《最后的审判》

米开朗琪罗60几岁时创作的作品。他将画分为450个部分，1天制作1个部分。

《天顶画》

米开朗琪罗独自一人花了12年完成的《创世纪》的故事画，完成时已经37岁。诺亚的洪水描绘得非常有气势。

布莱拉美术馆（画廊）

Pinacoteca

《基督变容图》

描绘基督出现的福音书的一个场面。快要完成的时候，拉斐尔去世了，所以这部作品是他的遗作。作品在第8展室。

●采用的不是传统的远近法，而是将画面分为上下两个部分描绘两个故事，画面构造新颖

《基督下葬》

有“光与影的巨匠”之称的卡拉瓦乔的最佳杰作。可以看出来他完完全全的写实主义和卓越的力量。作品在第10展室。

●连圣女、圣人这样的贵人也是以身份卑微的人为原型创作的，这是卡拉瓦乔创作的粗俗的有人情味的画像

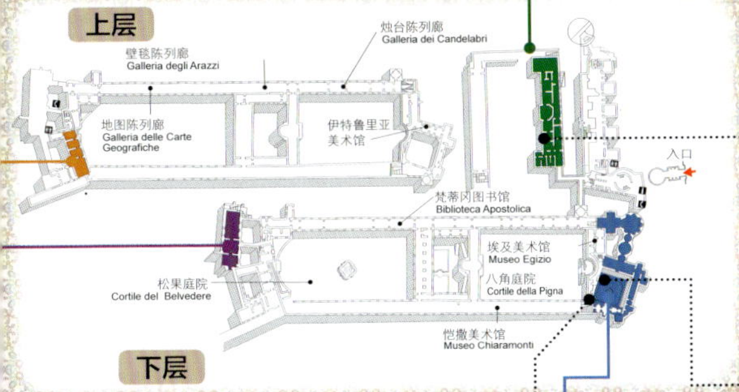

《创造亚当》（《天顶画》中央部分）

描绘的是旧约圣经里的场面，造物主靠近亚当，手指对着手指赋予生命。表现生命诞生瞬间的这部作品影响了很多艺术家。

比奥·克莱孟美术馆

Museo Pio-Clementino

《拉奥孔》

尤利乌斯二世购买的希腊化时期的雕刻作品。以特洛伊木马神话为题材。

《观景楼的阿波罗》

被认为是古代艺术的最高峰之一。公元前330年左右创作的作品。右手拿着的应该是弓箭。

圣彼得大教堂
Basilica di San Pietro

地图p.34-F

✉ 与梵蒂冈博物馆一样
营 7:00~19:00（10月~次年3月截止到18:30），中央穹顶8:00~18:00（10月~次年3月截止到17:00） € 中央穹顶/楼梯€5，电梯€7

被誉为世界最大的基督教教堂建筑。San Pietro是圣彼得的意大利语读法。圣彼得遭迫害在此殉教，教堂是在他的墓地之上建成的。内部装饰之豪华与威严，与其在全世界拥有10亿信徒的天主教中心地的地位再符合不过了。

意大利文艺复兴巨匠拉斐尔、米开朗琪罗等一流的建筑家、艺术家们都被动员起来参与教堂的设计。米开朗琪罗负责的是支撑圆顶的支柱结构等。已经71岁的米开朗琪罗把他晚年的17年奉献给了圣彼得大教堂的建筑。

大教堂入口处的皮埃塔

◆皮埃塔

进入教堂后最跟前的礼拜堂里，有这个教堂里最有名的作品米开朗琪罗的皮埃塔像。 表现圣母玛利亚手中抱着从十字架上掉下来的基督并为其悲伤的这尊大理石雕像，是米开朗琪罗23岁时创作的作品。

◆华盖

圆顶下面有青铜华盖覆盖的祭坛。覆盖祭坛的华盖是天才建筑家贝尔尼尼于1633年完成的作品。大胆扭曲的柱子，金子装饰绚烂豪华。当时因为设计过于夸张受到批评。

和煦的阳光透过天花板照射进来

◆中央穹顶

华盖正上方的中央穹顶是罗马最大的。地面到十字架的高度是136m。去中央穹顶的露台可以先乘收费的电梯，再走很陡的楼梯。露台上视线很好，看到的风景很壮观。

腿脚强健的人务必要上中央穹顶的露台体验下

小知识

半夜潜入，竟是为了沽名钓誉？

大教堂的皮埃塔像最初对外公开的时候胸部并没有刻字，后来被发现有。实际是这样的，最初对外公开的时候，外界的反映很好，人们都议论这究竟是谁的作品。听说议论后的米开朗琪罗就坐不住了，半夜头顶蜡烛潜入，在雕像胸部刻上了“佛罗伦萨人米开朗琪罗·博纳罗蒂创作的”。原来巨匠在年轻的时候为了得到世人的认可也是非常拼的。

圣天使城堡
Castel Sant'Angelo

地图p.35-H

交 从圣彼得广场步行10分钟
营 9:00~19:30 周日不开放 € €10

可以俯瞰台伯河的这座城堡，是罗马时代哈德良帝给自己建的坟墓。传说590年，黑死病流行，天使米迦勒降临此地，拯救了罗马。圣天使的名字就是这么来的。15世纪这座城堡被当作要塞使用。也因作为歌剧《托斯卡》最后一幕的舞台而有名。内部是武器、美术品博物馆。

也曾是教皇的住处

万神殿
Pantheon

地图p.30-I

交 从纳沃纳广场步行7分钟
营 9:00~19:30（周日是~18:00，节日是~13:00），1/1、5/1、12/25不开放 € 免费

第一代罗马皇帝奥古都斯的武将阿格里巴于公元前25年建造的神殿。建成之后曾遭遇火灾，公元120年前后，哈德良帝花了10年时间重建成了现在的样子。

穿过16根圆柱进入其中，会发现被米开朗琪罗称赞为“天使的设计”的空间非常宽广。穹项高度和直径一样，都是43.3m。顶点处有个直径9m的大洞。准确无比的空间与被挖去的圆形大洞，给前来参观的人一种浑然天成的不可思议的感觉。这个圆顶比圣彼得大教堂的还要大，是罗马现存古代建筑中保存得最完整的。

被静谧的氛围笼罩着

小知识

万神殿南邻是跟伽利略有关的教堂

与万神殿南邻的神庙遗址圣母堂毗邻的修道院，是阿西西的神联画家弗拉·安吉利科度过一生的地方。1633年，科学家伽利略·伽利莱曾在此接受对于地动说的有罪宣判。据说，虽然被判有罪，但伽利略也坚持在说“地球是转动的”。

纳沃纳广场
Piazza Navona

地图p.32-F

交 从万神殿步行7分钟

因为是直接将古罗马的竞技场遗址原封不动地利用起来，所以广场呈细长的椭圆形。长50m、宽20m的广场中央有雕刻家贝尔尼尼的大作《四河喷泉》，高17m的方尖塔巍然耸立。两侧的其中一侧是埃马努埃莱二世大街，有《摩尔人喷泉》，另外一侧有《尼普顿喷泉》。

12月上旬的女巫集市之时，广场会被装饰得很漂亮。广场周围有很多咖啡店、酒吧和餐馆。

因观光客而热闹的广场

圣王路易教堂
Chiesa di San Luigi dei Francesi

地图p.32-F

交 从万神殿步行2分钟
营 10:00~12:30、15:00~19:00，周四下午不开放 € 免费

祭奠指挥十字军的法国路易九世的教堂。因为内部的礼拜堂有巴洛克时期画家卡拉瓦乔的3部作品而闻名。

左手边最里面的礼拜堂的正对面是《圣马太与天使》(《圣马太的灵感》)，描绘的是天使降临在马太上的画面。礼拜堂对面的左侧是《召唤圣马太》，描绘的是被神赋予圣职者使命的画面。3部作品卡拉瓦乔都将光与影的对比运用得淋漓尽致。

古罗马广场
Foro Romano

地图p.29-G、p.33-L

交 从地铁B线斗兽场站步行5分钟
营 8:30~19:15（不同季节会有变动），1/1、5/1、12/25不开放 € €12（票与斗兽场、帕拉蒂尼山通用，2天有效）

Foro是公共广场的意思。罗马时代，历代皇帝们作为权力的象征在此建了元老院、法院、凯旋门。4世纪末以后，被西哥特族破坏，之后一直处于荒废状态，近年发掘工作一直在持续。在宽阔的广场上，边走边看看主要的建筑物。

①塞维鲁凯旋门
Arco di Septimius Severus

公元203年为颂扬在与帕提亚之间的战争中取胜的塞维鲁帝而建。“圣道”的终点。

②朱利亚神殿
Basilica di Giulia

公元前46年恺撒建立的教堂。共和制罗马的缔造者布鲁图斯对两个儿子宣判死刑也是在这里。

③狄俄斯库里兄弟神殿
Basilica di Castor e Pollux

祭奠古罗马传说中的双子神。现存的3根大理石柱子是提比略帝修复之后的。

④元老院
Curia

4世纪时重建的砖制建筑。共和制罗马的最高机关元老院的会场。相当于国会议事堂。

⑤艾米亚神殿
Basilica di Emilia

公元前2世纪建的。曾是进行商业交易的场所，地面上有火灾中烧毁的纸币的痕迹。

⑥维斯塔神殿
Tempio di Vesta

面对“圣道”而建的圆形小神殿。祭奠的是炉灶女神（共和国的守护神）。

小知识

在遗迹区看见的“SPQR”文字是什么意思?

行走在罗马，在遗迹区可以看到“SPQR”几个字。SPQR是拉丁语Senatus Populus que Romanus的缩写，意思是“元老院与罗马市民”，即帝政罗马的主权者。罗马帝国时代，曾是罗马领土的整个欧洲、北非，所有的公共物品上都刻有这样的文字。

⑦马克森提斯神殿
Basilica di Massenzio

4世纪马克森提斯帝开始建设，由君士坦丁一世完成建设的教堂（巴西利卡）。巴西利卡不仅是礼拜堂，同时也是法院和集会场所。这个是其中规模最大的遗迹。

⑧圣道
Via Sacra

贯穿古罗马广场中心的道路。还残留有恺撒和君士坦丁帝凯旋的石板。

⑨安东尼与法斯提那神殿
Basilica di Antonius e Faustina

五贤帝之一安东尼·庇护帝为亡妻法斯提那而建。6根柱子均高达17m。

⑩维塔斯巫女之家
Casa delle Vestali

守护维塔斯神殿里点着的圣火的6位巫女之家。维塔斯是基督教布教之前的罗马的一个神，也是城市的守护圣人。

⑪提图斯凯旋门
Arco di Tito

现存的罗马最古老的凯旋门。内部有漂亮的浮雕。

最佳摄影角度

若将整个古罗马广场收入镜头……

要想将整个宽阔的古罗马广场收入镜头，从卡比托利欧美术馆背面与市政府之间走到头就行（下图左侧）。能将整个遗迹美美地拍下。从帕拉蒂尼山上的法尔内塞花园也可以看到整个古罗马广场。

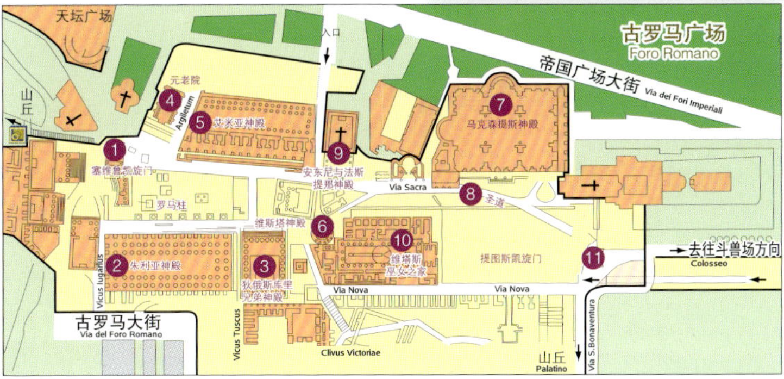

斗兽场周边

Colosseo

公元前7世纪到6世纪形成城市的罗马帝国。斗兽场和古罗马广场曾是其首都的金融·政治·文化的中心。象征罗马伟大的建筑物群，2000年后吸引了无数的观光客。

斗兽场

Colosseo

地图p.29-G

交 从地铁B线Colosseo站步行3分钟
营 9:00~19:00（冬天是~16:00） € €12（票与帕拉蒂尼山、古罗马广场通用，2天有效）

“斗兽场倒了，古罗马就灭了”，正如这句话所说的，斗兽场是罗马不灭的象征。公元72年，维斯帕西亚努斯时代开始建设，8年后，儿子提图斯帝那一代完工。这个建筑物1层是多立克柱式，2层是爱奥尼柱式，3层是科林斯柱式。能容纳5万观众，离竞技场最近的贵宾席坐着的是皇帝、贵族和神官，2层是骑士席，3·4层是市民席，席位按身份区分。

竞技场上角斗士与猛兽、犯人与犯人展开殊死搏斗，人们为这些角斗而疯狂。404年，一名修道士曾牺牲自己的性命来反对这种残酷的角斗表演，但是猛兽之间的角斗还是持续到了6世纪。442年遭遇大地震，中世纪作为采石场的斗兽场地面和外墙曾一度崩塌。

小知识

斗兽场曾是圆顶

圆形竞技场的代名词是斗兽场。建的时候为了夏天能遮阳建有天幕。用现在的话来说，叫圆顶球场比较合适。还有划时代的升降梯，会将动物和舞台设备从下面升上来。不得不为古代的顶尖技术点赞。

威尼斯广场

Piazza Venezia

地图p.30-I

交 从地铁B线Colosseo站步行12分钟
营 纪念堂9:30~16:30，周一不开放 € 免费

因为广场对面有威尼斯共和国大使馆而得名。广场对面右侧的红褐色的威尼斯宫便是。正面巨大的白色建筑是为纪念意大利统一后的第一代国王埃马努埃莱二世而建的。

威风凛凛的纪念堂

君士坦丁凯旋门

Arco di Contantino

地图p.29-G

交 从地铁B线Colosseo站步行3分钟

高21m，长25.7m，宽约7.4m，是帝政罗马的凯旋门中最大的。君士坦丁帝战胜他的政敌马克森提斯帝，为纪念得到帝位于315年建立。

表面的4块圆形浮雕来自哈德良帝凯旋门，前面的4尊雕像来自图拉真帝时期的建筑，装饰部分也是用的别处的二手材料。君士坦丁帝于313年承认基督教，330年将首都迁往拜占庭，是罗马帝国最后一位皇帝。

3座大型拱门给人深刻印象

卡比托利欧美术馆
Musei Capitolini

地图p.33-K

交 从威尼斯广场步行5分钟
营 9:00~20:00,12/24和12/31是~14:00（入馆截止时间是闭馆1小时前），周一、1/1、5/1、12/25不开放 € €15

收藏了很多古罗马时代的雕刻作品。由新宫和保守宫组成。重现公元前3世纪的希腊名雕刻作品《垂死的高卢人》《掷铁饼者》。新宫的罗马雕刻《拔刺的少年》都是载入史册的美术作品。

「拔刺的少年」

图拉真广场
Foro Traiano

地图p.33-L

交 从威尼斯广场步行5分钟

古罗马集会用的广场，这是最后一座，是图拉真帝建的。广场西侧有高40m的图拉真帝的纪念柱。为纪念达西亚（现在的罗马尼亚）远征胜利而建。纪念柱表面刻有布匿战争的详细情景。东侧有图拉斯市场。

纪念柱上是密密麻麻、栩栩如生的浮雕

专业导游建议

有效利用傍晚时分

大多数的美术馆都是17:00左右闭馆，卡比托利欧美术馆是到20点。如果傍晚的时候不知道去哪里，推荐爱好美术的人来这里。

卡拉卡拉大浴场
Terme di Caracalla

地图p.29-G

交 从地铁B线Cicro Massimo站步行10分钟
营 9:00~日落1小时前（周一是~14:00，季节不同会有变动） € €7（会有变动）

罗马皇帝卡拉卡拉216年前后建造的。一次能容纳1600人，光浴场部分就有3万㎡。具备冷水浴室、桑拿、高温浴室等不逊于现代spa的设施，地板是由颜色鲜艳的马赛克铺设的。连运动场、图书馆、剧场、集会场等娱乐设施都具备，实在是豪华。现在可以参观建筑物的外墙和马赛克地板的一部分。入口在特鲁米大街一侧。

“真实之口”
Bocca della Verita

地图p.29-G

交 从地铁Cicro Massimo站步行10分钟
营 9:30~17:30（冬天是~16:50） 无休
€ 捐赠€0.50

科斯美汀圣母教堂外壁的石制圆盘。圆盘是大理石材质的，上面刻着海神特里同的脸，传说“说谎的人把手伸进去的话会被咬”。因电影《罗马假日》而出名。这个圆盘原本好像是个井盖。对面有罗马最古老的神殿维斯塔神殿。

最佳拍照留念处

科尔索大街周边
Via Corso

连接罗马的北大门波波洛广场和威尼斯广场的科尔索大街一带是购物街。这里到共和国广场一带有很多博物馆和宫殿。

特莱维喷泉
Fontana di Trevi

地图p.30-F

交 从威尼斯广场步行10分钟

在罗马的诸多喷泉雕刻中，特莱维喷泉尤其华丽。因传说背对着温泉投掷硬币梦想就会实现而有名。喷泉的前身是罗马初代皇帝奥古都斯建的地下水道的终点。1453年，受教皇克莱孟13世的委托，建筑家尼克拉・萨尔维主持设计进行了大幅改造，才有了现在的模样。喷泉以波利宫的外墙为背景进行雕刻，中间是海神波塞冬（尼普顿）和半鱼人的特里同，左右两侧是女神。

因为观光客，这里整年都很热闹

摄影最佳角度

距离稍远一些能拍全景

如果想将偌大的喷泉整个地拍下来，建议在台阶上的广场上拍摄。如果想俯拍雕刻和喷泉的一部分，从台阶上下来走近喷泉拍即可。

西班牙广场
Piazza di Spagna

地图p.30-A

交 从地铁A线Spagna站步行3分钟

罗马的景点中特别热闹的地方之一。取名西班牙广场是因为17世纪这里是西班牙大使馆。广场上有仿照曾经在台伯河上运输红酒的破船而建的破船喷泉。喷泉是巴洛克代表雕刻家・建筑家贝尔尼尼的父亲彼得罗于17世纪修建的。广场前面有巴洛克样式之一的波状曲线的西班牙台阶，台阶上到顶能看到正前方有带两个塔的山上天主圣三教堂。

因在电影《罗马假日》中露面而闻名的破船温泉

人民圣母教堂
Chiesa di Santa Maria del Popolo

地图p.28-B

交 从地铁A线Flaminio站步行1分钟

营 7:30~12:30、16:00~18:00　无休　免费

11世纪为镇住暴君尼禄帝之魂而建的教堂，15世纪重建后成为文艺复兴建筑的典型。主祭坛左手边的礼拜堂有卡拉瓦乔的祭坛画《圣彼得的磔刑》《圣保罗改宗》，除此之外，还有拉斐尔设计的基吉家族礼拜堂和贝尔尼尼的雕刻作品。这座教堂是建筑、雕刻与绘画相融合的综合艺术。

教堂内部珍藏有丰富的巴洛克艺术品

国立绘画馆（巴贝里尼宫）
Galleria Nazionale d'Arte Antica

地图p.30-F

交 从地铁A线Barberin站步行3分钟
营 8:00~19:30，售票是~18:00，周一、1/1、12/25不开放 € €9

1625年开始作为教皇辈出的巴贝里尼家族的公馆开始建设。由当时的名建筑家卡洛·马代尔诺主持设计，他去世后由与贝尔尼尼相媲美的巴洛克时期的奇才博洛米尼接替他的工作，花了9年时间才完成。绘画馆正面右面的螺旋状台阶是博洛米尼设计的。

绘画馆内部是国立美术馆，展出着拉斐尔的《弗娜丽娜》、菲利波·利比的《圣母子》、汉斯·荷尔拜因的《亨利八世的肖像》等作品。

漂亮的巴洛克宫殿

小知识

《罗马假日》与米开朗琪罗的关系

电影《罗马假日》最后的记者招待会拍摄地是在科隆纳宫。宫殿是从1300年代开始成为名门贵族科隆纳家族所有的房子。曾有传言说米开朗琪罗是同性恋，其实他一生中唯一对一个女人动过心，那就是科隆纳家族的一位寡妇维托丽娅·科隆纳。米开朗琪罗为维托丽娅作过很多十四行诗。

科隆纳宫（科隆纳绘画馆）
Palazzo Colonna(Galleria Colonna)

地图p.30-J

交 从威尼斯广场步行3分钟
营 周六9:00~13:15，周六以外的时间都不开放
€ €12

威尼斯广场斜对面的科隆纳宫，是罗马私人宫殿中尤为大型且历史悠久的。是教皇辈出的贵族科隆纳家族的私宅。现在能看到的巴洛克样式的装饰，是1600年代改建时加上的。内部是展出科隆纳家族收集的鲁本斯、丁托列托等威尼斯派画家作品的美术馆。入口在宫殿东侧的皮洛特大街17号。

罗马国立博物馆（马西莫宫）
Museo Nazionale Romano(Palazzo Massimo)

地图p.31-H

交 从地铁A·B线Termini站步行2分钟
营 9:00~19:45（闭馆1小时前截止入馆） 周一、1/1、12/25不开放 € €7（票与分馆通用）

罗马国立博物馆共有地铁Repubblica站附近的戴克里先皇帝浴场遗址、纳沃纳广场北侧的阿尔滕普斯宫以及八角形博物馆、巴尔比宫4个分馆。主楼马西莫宫是在古代剧场遗址上建的贵族马西莫家的公馆。这里展出着罗马帝政末期之前的古罗马雕刻作品和马赛克作品。米隆复制的《掷铁饼者》《入睡的维纳斯》等杰作都能看到。

展出古代名作《掷铁饼者》等

波格赛美术馆
Galleria Borghese

地图p.29-C

交 从Via Veneto站乘坐迷你巴士116号线在终点站下车后步行5分钟
营 8:30~19:30，预约制
周一、1/1、12/25不开放 € €12（含预约金）

美术馆位于罗马中心北部的波格赛公园内。此建筑最初是名门贵族波格赛家族的夏日别墅。从18世纪开始作为美术馆使用，展出着贝尔尼尼资助者枢机大臣西皮奥内·波格赛收集来的雕刻和绘画作品。

1层有贝尔尼尼作品《阿波罗和达芙尼》《攻占普罗塞尔庇那》等雕刻杰作，2层有拉斐尔作品《基督下葬》、卡拉瓦乔作品《手提歌利亚头的大卫》等绘画作品。

贝尔尼尼的雕刻杰作《攻占普罗塞尔庇那》

维拉朱利亚博物馆
Museo Nazionale di Villa Giulia

地图p.28-B

交 从地铁A线Flaminio站步行10分钟
营 8:30~19:30（售票是~18:30）
周一、1/1、5/1、12/25不开放 € €8

罗马近郊有很多塔尔奎尼亚、塞尔维托里等古代伊特鲁里亚人的城市遗址。维拉朱利亚博物馆收藏了从那里出土的7万件文物，是世界上为数不多的。

其中用赤土陶器制作的《赤陶棺上的夫妇像》尤为有名。这是一个能看出优美的弧顶建筑伊特鲁里亚文化造型、技术之高超的作品，嘴角浮现的古风式微笑很神秘。从罗马以北30km的维欧的神殿遗址上发掘的《阿波罗像》是伊特鲁里亚美术最佳杰作之一。

和睦夫妻雕刻的作品《赤陶棺上的夫妇像》

台伯河岸区
Trastevere

地图p.28-F

交 从威尼斯广场乘坐8路电车5分钟可到

加尼库乐姆山到台伯河河岸一带，是被称为台伯河岸区的平民区。台伯河岸区是台伯河对岸的意思。多得让人眼花缭乱

专业导游建议

世界遗产伊特鲁里亚文化遗迹在罗马

公元前8世纪到5世纪左右，伊特鲁里亚人在意大利很有一番势力。听说他们靠出口农作物积累了很多财富，但是关于他们的生活和文化还有很多未解之谜，他们从何而来到现在也还不知道。给世人一丝线索的是，从罗马郊外塔尔奎尼亚和塞尔维托里坟墓里出土的埋葬品。

伊特鲁里亚人最擅长做的是金属工艺品。颗粒状金子黏合而成的华丽项链，采用的是通过改变金子纯度来黏合的先进技术。埋葬品中有很多日用品和生活用具，也许伊特鲁里亚人认为那样做来世也能过上同样的生活。

的石板巷子里一个又一个有很多古教堂，是个普通街区。

台伯河岸区与有很多壮丽豪华遗址的罗马中心地区不一样，鲜有大型建筑物，看起来很不起眼，有很多吃饭的地方，小道上有很多又便宜又美味的餐馆和红酒吧。台伯河岸区很大，从威尼斯广场旁边乘坐8路电车到河对岸的第一站Belli站或者下一站Trastevera/Mastai站下车散散步吧。

沿河的波特塞门一带，周日上午，有波特塞门市场。可以淘到廉价的日用品、衣服和来历不明的二手家电等各种东西。

有很多老字号餐馆和专卖店，逛街会很不错

区域中心越台伯河的圣母大殿

小知识

罗马皇帝与厕所税

世界上第一个对公共厕所征税的是第九代罗马皇帝维斯帕西亚努斯。为了重振国家财政，他把在公共厕所收集来的尿卖给羊毛商家。

当时，商家使用人尿洗出羊毛里面的油分，而尿都是免费收集来的。商家当然对这项新征收的税感到不满，据说他们在斗兽场附近表演节目让皇帝疯狂以示他们的不满。

专业导游建议

不妨尽享坎佐纳之夜

说到意大利便不能不提坎佐纳。那深邃的嗓音演唱出来的歌曲勾人乡愁。原本意大利语的坎佐纳是歌曲的意思，现在则是意大利民谣的意思。那不勒斯民谣《我的太阳》现在也时常能听人哼起。能边用餐边欣赏坎佐纳的餐厅，罗马有好几家。

一般的餐厅里，歌手和吉他手到桌边表演，或者餐厅为表演者提供舞台，坎佐纳的表演形式多种多样。很多地方都是完全预约制。还有的旅行公司有当地成团的可以观看坎佐纳晚餐秀的自选团队游项目。这样的话不用考虑来回的交通和预约，可以悠哉地享受罗马之夜。

代表性餐厅有Scoglio di Frisio。表演时间是19点到21点左右。可以边吃着那不勒斯料理、地中海料理边看表演。*Volare*、*Funiculì funiculà*等名曲表演时，跟着一起唱或者是打声招呼，就能到舞台上一起表演。男歌手、女歌手交替演唱怀旧歌曲的时候，男高音和女高音歌手会一起上台，表演歌剧名曲《茶花女》。有时候滑稽的女舞者会出来到观众席跟大家打招呼。如果有想听的歌曲，还可以点歌。相信一定会让你难忘。

罗马
导航NAVI

基本网络了罗马主要景点，1天€20

灵活使用上下车 方便自由的观光巴士

汇集全世界游客的罗马，有个网罗了主要景点的上下车自由的“110 open bus”，由罗马市运营。乘坐此巴士能高效转完景点，而且还有中文的讲解器。全程2小时，15分钟一趟，想在哪个景点下车观光都可以。红色车身是标志。

Gray Line公司的“Ciao Roma”也一样。蓝色车身是标志。

注：以下是乘坐“110 open bus”时的停靠站

起点

1 特尔米尼 Termini

巴士特尔米尼站正面的五百人广场的总站发车。上车前先在站内的超市买些饮品吧。

2 斗兽场 Colosseo

参观斗兽场、古罗马广场、古罗马时代尼禄帝的黄金宫等景点在这站下车。

3 马西莫竞技场 Circo Massimo

罗马时代留下的宽阔的竞技场遗址。4匹马牵引的战车竞赛的场景因为电影《宾虚》为人熟知。帕拉蒂尼山从这里过去也很近。

4 “真实之口” Bocca della Verita

传说“说谎的人把手伸进去就会被咬”的大理石圆盘在科斯美汀圣母教堂里。

可观光的市内巴士线路

路线比较复杂，游客要想灵活利用还是比较难的，提前记住几条方便观光的线路，有时候就不用打车了。以下介绍几条方便的路线。

40路

从特尔米尼站开往威尼斯广场、万神殿南侧、威尼斯方向

连接特尔米尼站与民族大街、威尼斯广场、万神殿南侧的银塔广场、圣彼得广场东南侧的快速巴士。

62路

从梵蒂冈开往纳沃纳广场、万神殿南侧、特莱维喷泉方向

连接梵蒂冈的圣彼得广场东侧与纳沃纳广场西南侧、银塔广场、特莱维喷泉东北侧、地铁A线巴贝里尼站。

营 运行时间8:30~20:00
€ 24小时有效票€20，48小时有效票€25。票可以在特尔米尼站或者斗兽场前的巴士窗口或者车上购买。
http://www.trambusopen.com/

终点

1 特尔米尼

8 巴贝里尼
Barberini

巴士停靠站在巴贝里尼广场。去往蜜蜂喷泉、维托里奥·威尼托大街、巴贝里尼宫等景点也是在这里下车。

7 特莱维喷泉
Fontana di Trevi

传说"背对着喷泉投掷硬币可以再次回到罗马"的喷泉。

6 圣彼得
San Pietro

巴士停靠站就在世界最大的天主教教堂圣彼得大教堂旁边。去往梵蒂冈的话在这里下车。

5 威尼斯广场
Piazza Venezia

罗马的交通要塞。白色巨型建筑维托里奥·埃马努埃莱二世纪念堂是广场标志。卡比托利欧美术馆、科隆纳宫、耶稣教堂也离这里很近。

专业导游建议

电车8号线是观光好伙伴！

去往台伯河岸区建议乘坐8路电车。起点、终点都在交通要塞威尼斯广场旁边，几分钟一趟非常方便。去往台伯河对岸的话请在过河之后的第一站belli或者下一站Trastevere/Mastai下车。关于电车请参考p.27相关内容。

64路

从特尔米尼站开往威尼斯广场、纳沃纳广场、梵蒂冈方向

连接特尔米尼站、地铁A线共和国广场站、威尼斯广场、纳沃纳广场西南侧、圣天使城堡、圣彼得广场南侧。40路车的慢车。

116路

从巴贝里尼站开往特莱维喷泉、西班牙广场、梵蒂冈方向

连接地铁A线巴贝里尼站、特莱维喷泉北侧、西班牙广场北侧、纳沃纳广场北侧·东侧、梵蒂冈的圣彼得广场东侧·南侧。

119路

从波波洛广场开往威尼斯广场、特莱维喷泉北侧西班牙广场方向

从罗马北大门波波洛广场发车，途经科尔索大街、威尼斯广场、特莱维喷泉北侧、西班牙台阶南侧、西班牙广场北侧，再回到波波洛广场的环线巴士。

175路

从特尔米尼站开往特莱维喷泉、威尼斯广场、斗兽场方向

连接特尔米尼站、共和国广场站、地铁A线巴贝里尼、特莱维喷泉北侧、威尼斯广场、斗兽场、地铁B线马西莫竞技场站。

罗马执政官女儿塞西莉亚·麦特拉之墓

公元前建的街道仍保持着原样

阿皮亚古道

Via Appia Antica

地图p.29-K

交 利用上下车自由的面向观光客的环线巴士Archeobus。巴士起点、终点都在特尔米尼站前

公元前312年阿庇乌斯·克劳狄乌斯·凯库斯开始修建。在铺设过的军用道路里是全世界最古老的。始于圣塞巴斯弟盎门，止于南意大利港口布林迪西。

能容纳1万人的马克森提乌斯竞技场遗址

古道上设有表示距离起点多远的里程碑。周围有很多地下墓地，以及为祭奠基督教还是异端时的古罗马时代受到迫害的圣者而建的教堂。

专业导游建议

前往阿皮亚古道可乘坐环线巴士

如果个人去阿皮亚古道的话，乘坐连接古道上主要景点和罗马水道桥的Archeobus最方便。

环线巴士全程需要约1小时30分钟。车票在特尔米尼站前广场的窗口或者威尼斯广场西侧的窗口或者车上购买。运行时间是9:00~16:30（冬天是10:00~16:00），30分钟一趟。车票是环形一周€15。24小时有效票是€20。还有与市内运行的“110 open bus”通用的车票。

从罗马出发的 自选多语种团队游

特意准备了人气旅游地那不勒斯（p.136）、庞贝（p.138）、卡普里岛（p.140）、罗马等自选团队游计划。

G：greenline（罗马、英语）（有汉语）
U：my Ushop 周六、周日、节日（汉语）

团队游名称	出发时间·所需时间	内容	费用	咨询方
那不勒斯·庞贝1日游	出发：6:45， 所需时间：13小时30分钟 出团：每天	在那不勒斯的贝威雷罗港参观浮雕工艺品工厂。午饭过后前往庞贝遗址。在返回那不勒斯的车上可以隔着车窗看看那不勒斯市区、圣塔露西亚区	€120	G
赛格威罗马半日游	出发：9:30 所需时间：4小时 出团：每天	针对赛格威初学者的培训结束后，开始参观罗马市内的观光名胜（古罗马广场、斗兽场、“真实之口”等7个地方）	€90	G
梵蒂冈博物馆半日游	出发：7:45、14:30 所需时间：约3小时 出团：除周日之外的每天	以梵蒂冈博物馆的西斯廷礼拜堂为中心进行参观	€70	G
卡普里岛1日游	出发：7:30 所需时间：14小时30分钟 出团：每天	隔着车窗看过蒙特卡西诺修道院后，前往那不勒斯海岸和蓝洞，然后在岛上观光	€165	G
罗马夜游	出发：20:00 所需时间：约3小时 出团：每天	参观亮灯后的罗马市内的主要景点	€29	U

联系方式●G：Greenline 电 06-47823713（罗马）http://www.greenlinetours.com/
●U：Myushop 营 10:00~18:00 休 周六、周日、节假日休息 http://www.myushop.net/

意大利料理 · 高级

Corsetti 1921

Corsetti 1921

地图p.28-I 英 英 预

交 从Piazza Santa Maria in Trastevere步行5分钟 ✉ Piazza San Cosimato, 27
☎ 06-5809009 开 19:30~23:00（周五、周六、周日12:00~15:30也营业） 休 无休
€ 白天·晚上都是€35~

祖孙三代一直做鱼料理

上上代夫妻结婚的时候创立的，现在是第三代经营此店。在模仿帆船船内吃鱼料理别有一番风味。推荐菜色是科尔塞蒂风味意面（€16）。加入大量贝类和小龙虾的意面，烹饪方法精细，衬托了食材的味道。用松露油制作的牛排和煎小牛肉也很有人气。意大利侍酒师协会认证的调酒师会为您选择适合料理的红酒。

意大利料理 · 高级

Andrea

Andrea

地图p.30-B 英 英 预

交 从地铁A线Barberini站步行10分钟
✉ Via Sardegna,28 ☎ 06-4821891
开 12:30~15:00、19:00~23:00 休 无休
€ €40~

擅长海鲜料理

1928年创立的老店。使用新鲜鱼贝类制作的料理尤其受人喜欢。芦笋和虾烩饭、海鲜意大利宽面等酱料都不会太多，口味比较清淡。蔬菜、菌类、阿尔巴松露、卡拉布里亚蘑菇等都是从整个意大利产地精选的。使用因美味著称的托斯卡纳

牛肉制作的米兰风味牛排和牛排薄片等也很美味。

意大利料理 · 高级

Paris in Trastevere

Paris in Trastevere

地图p.28-I 英 英 预

交 从电车8号线马斯塔伊广场站步行5分钟
✉ Piazza S. Calisto, 7/a ☎ 06-5815378
开 12:30~15:00、19:30~23:00
休 夏天是周一上午，冬天是周一休息 € €50~

时令蔬菜、海鲜菜品丰富

在当地“美味店铺”名单中必不可少的一家。红酒蒸贻贝、犹太风味炸朝鲜蓟、虾和西葫芦花意面等传统罗马料理很受欢迎。地下有红酒储藏库，可以品尝到精选的红酒。

意大利料理 · 高级

Agata e Romeo

Agata e Romeo

地图p.31-L 英 英 预

交 从Termini站步行7分钟
✉ Via Carlo Alberto,45 ☎ 06-4466115
营 12:30~14:30、19:00~22:30 休 周日、周一上午、周六上午 € €65~

新感觉罗马料理和自制面包

女主厨Agata和调酒师Romeo经营的摩登罗马料理名店。地下藏有9000瓶红酒，可以体会精细料理与红酒搭配的奇妙。

意大利料理 · 高级

Collone Emiliance

Collone Emiliane

地图p.30-F　英　英　预

交 从地铁A线Barbenini站步行3分钟
✉ Via degli Avignonesi,22 ☎ 06-4817538
开 12:45~14:45、19:45~22:45 休 周日晚上、周一、复活节、12/25、8月 € €35~

博洛尼亚传统料理

食都博洛尼亚风味的意面、甜点都是自制的。招牌手打意面配上酱料绝了。

意大利料理 · 高级

Sabatini

Sabatini

地图p.28-I　英　英　预

交 从电车8号线Belli站步行6分钟
✉ Piazza S.Maria in Trastevere,13
☎ 06-5812026 开 9:00~23:30 休 无休
€ 白天、晚上都是€60~

台伯河对岸的名店

因擅长酸辣番茄烟肉面、羔羊肉料理、使用港口直邮的鱼贝制作的鱼料理而有名的老店。

意大利料理 · 中级

Dal Toscano

Dal Toscano

地图p.34-B　英　英　预

交 从地铁A线Ottaviano站步行3分钟
✉ Via Germanico, 58/60 ☎ 06-39725717
开 12:30~15:30、20:00~23:15 休 周一
€ €35~

阳光主厨的托斯卡纳料理

托斯卡纳牛排是这家店的名品。托斯卡纳风味橄榄油煮白豆、猪肉煮培根等都是能看出食材之好的菜品。

意大利料理 · 中级

Cornucopia

Cornucopia

地图p.28-I　英　英　预

交 从电车8号线Belli站步行5分钟
✉ Piazza in Piscinula,18 ☎ 06-5800380
开 12:00~0:00a.m 休 无休 € €40~

南意大利料理的人气店铺

索伦托出生的老板主厨使用新鲜食材制作的鱼贝料理受到好评。推荐菜色有加入螃蟹的番茄酱通心粉等。旁边有同一老板开的烤制产品专卖店。

意大利料理 · 中级

Trattoria da Felice

Trattoria da Felice

地图p.28-F　英　预

交 从地铁B线Piramide站步行10分钟
✉ Via Mastro Giorgio,29 ☎ 06-5746800
开 12:30~15:00、19:30~23:30
休 无休 € €40~

平民区的名餐馆

名店未必就是高级店。这家是1936年创立的，在平民区一直是人气不断的名店。还有专门为连日光顾的常客准备的餐桌。肉丸，番茄炖鸡肉，蔬菜牛肉卷，卷曲的宽面上撒上帕马森干酪、黑胡椒在桌上拌好的胡椒芝士意面是这家店的名品。

意大利料理・中级

Giacomelli
Giacomelli

地图p.28-B、p.35-C　英 英 预

交 从地铁A线Ottaviano站步行12分钟
✉ Via Emilio Faa'di Bruno,25 ☎ 06-3725910
开 12:30~14:30、19:30~23:00 休 周一、8月
€ €30~

刚烤好的比萨通常有20多种

马苏里拉奶酪和罗勒制成的玛格丽塔不用说，蔬菜和鱼贝制成的怪兽比萨，食材搭配简直太棒了。

餐馆/咖啡店

Canova
Canova

地图p.30-A　英 英 预

交 Piazza del Popolo前
✉ Piazza del Popolo,16 ☎ 06-3612231
开 7:00~1:00a.m.（正餐供应是9:00~23:30）
休 无休 € 白天€20~、晚上€35~

罗马北玄关波波洛广场的招牌

波波洛广场对面的咖啡店。店内是宽敞、舒适的餐厅。白天供应自助餐，晚上可以边欣赏钢琴伴奏边品尝地中海料理。

意大利料理・中级

Ditirambo
Ditirambo

地图p.32-F　英

交 从Piazza Navona站步行3分钟
✉ Piazza della Cancelleria,75 ☎ 06-6871626
开 13:00~15:00、19:20~23:30
休 周日白天、12/25、8月休息一周 € €35~

自制意面和甜点很有人气

创意料理的前菜是这里才有的菜品。开心果和黑胡椒冰激凌等甜点也是自制的。

意大利料理・中级

Il Matriciano
Il Matriciano

地图p.35-C　英 英 预

交 从地铁A线Ottaviano站步行5分钟
✉ Via dei Gracchi,55 ☎ 06-3213040
营 12:30~14:30、20:00~23:00 休 8月、10~次年5月的周三、6~9月的周六 € €40~

辣味意面、通心粉是这家店的名品

除名品通心粉外，辣味意面、烤羔羊肉、西红柿烩牛仔骨等都是这家店的擅长菜品。从威尼斯观光回来可以来这里。

意大利料理・中级

Popi Popi
Popi Popi

地图p.28-I　英 英

交 从Piazza S.Maria in Trastevere步行4分钟
✉ Via delle Fratte di Trastevere, 45/47
☎ 06-5895167 营 12:00~0:00a.m.、6~9月18:00开始营业 休 无休 € €15~

当地食客聚集的比萨店

1974年创立，当地客人常来的一家店。极薄的比萨口感松脆。推荐加入生火腿、鸡蛋、贻贝的原味“POPI POPI”比萨。

日本料理

Hamasei
Hamasei

地图p.30-E　英 英 预

交 从地铁A线Spagna站步行10分钟
✉ Via della Mercede, 35/36 ☎ 06-6792134
营 12:00~14:30、19:15~22:45 休 周一
€ 白天€15~、晚上€30~

想吃日本料理的时候可以来这里

在日本常驻人员之间很有人气的一家店。白天汉堡包、寿司卷、生鱼片套餐€15起。晚上还有烤鸡肉串等下酒菜。

意大利料理 · 中级

Trattoria Monti
Trattoria Monti

地图p.31–L　英　英

交 从地铁A线Vittorio Emanuele站步行5分钟
✉ Via di San Vito,13　☎ 06–4466573
营 13:00~15:00、20:00~23:00
休 周日晚上、周一　€ €35~

创意料理价格公道

靠近新圣母玛利亚教堂的一角。搭配金枪鱼肉酱的烤牛肉（€15）等创意料理很有人气。

咖啡店

Tazza d' Oro
Tazza d'Oro

地图p.33–G　英

交 从地铁A线Spagna站步行8分钟
✉ Via degli Orfani,84　☎ 06–6789792
营 7:00~20:00、周日10:30~19:30
休 无休　€ €1~

浓咖啡果子露很美味

用自家烘焙的意式浓缩咖啡制作的冰激凌“冰果咖啡”很有名。咖啡上放生奶油的康宝蓝咖啡也一定要尝尝哦。

咖啡店

Caffe Greco
Caffè Greco

地图p.30–A　英

交 从地铁A线Spagna站步行5分钟
✉ Via dei Condotti,86　☎ 06–6791700
营 9:00~21:00　休 无休　€ 饭桌席€6~

1760年创立的老字号咖啡店

位于名牌店聚集的孔多蒂大街。有很多艺术家来过这家店，店里满是名人赠送的绘画作品。从马车路也可以进入。

咖啡店

Giolitti
Giolitti

地图p.30–E　英　英

交 从Pantheon步行5分钟
✉ Via Uffici del Vicario,40　☎ 06–6991243
营 7:00~1:30a.m.　休 无休　€ €3~

人气旺盛的老字号冰激凌店

1900年创立的冰激凌店。自制冰激凌水果味浓厚，附近的人们常来光顾。咖啡制成的冰激凌“冰果咖啡”也是绝品。

晚餐秀

Scoglio di Frisio
Scoglio di Frisio

地图p.29–G　p.31–L　英　英　预

交 从地铁A线Vittorio Emanuele站步行6分钟
✉ Via Merulana,256　☎ 06–4872765
营 19:00~23:00（表演是不定期的）
休 不定期　€ €30~

观赏欢快的坎佐纳，享受晚宴

能吃到生鱼片、煮鲈鱼等以鱼为中心的地中海料理。完全预约制。

酒吧

Trimani Il Wine Bar
Trimani Il Wine Bar

地图p.31–D　英　英

交 从地铁A线Repubblica站步行6分钟
✉ Via Cernaia,37/b　☎ 06–4469630
营 11:30~15:00、17:30~0:30a.m.
休 周日、8月休息两周　€ €35~

来自全世界的400多种红酒

以酒店为母体的爱诺特卡（可以喝红酒的店）。油炸核桃、蓝芝士等下酒菜也有很多种。17:30~19:00之间第二杯酒免费。

衣服・时尚小物件

Blumarine
Blumarine

地图p.30-A

交 从地铁A线Spagna站步行7分钟　✉ Via Borgognona, 31　☎ 06-6790951　开 10:00~19:30、周日11:00~19:00　休 7、8、11、12月的周日

女装和女性用小物件

1980年安娜・莫利纳里创立的品牌。使用浅色，展现成人之美的剪裁。因为最初是从针织品厂发展起来的品牌，刚创立的时候羊毛衫就受到好评。除此之外，雪纺等柔软、质感的裙子也很有人气。

衣服・鞋子・小物件

Pinko
Pinko

地图p.30-E

交 从地铁Spagna站步行6分钟
✉ Via Frattina 101,102,103　☎ 06-69294666
开 周一~周六 10:00~19:30、周日11:00~19:30
休 1/1, 12/25, 12/26

上等、性感的成人服装

20世纪80年代诞生于北意大利帕尔马的品牌。有广泛的粉丝群，现在仅在意大利就有410家店。品牌理念是“性感&迷人”。裙子、丝巾价格约€200，上衣€100~300。

皮革小物件

Sermonera Gloves
Sermoneta Gloves

地图p.30-A

交 从地铁A线Spagna站步行5分钟　✉ Piazza di Spagna, 61　☎ 06-6791960　营 9:30~20:00，9~次年6月的周日和复活节10:30~13:00、14:00~19:00　休 节假日、7~8月的周日

找一副适合自己的手套

西班牙广场前的皮革手套专卖店。因为有自己的工厂，价格很优惠。手套内里有开司米材质、丝绸材质等很多种类，颜色有50种之多。

家居用品

Antonangeli
Antonangeli

地图p.32-F

交 从Piazza Navona步行5分钟　✉ Corso Vittorio Emanuele II, 81/83　☎ 06-68803892　营 10:00~19:30　休 周日、节假日、周一上午

名牌陶瓷器和可爱的厨房用品

“理查德・吉诺里”和“皇家哥本哈根”等人气欧洲品牌的陶瓷器、特别又好用的厨房小件这里有很多。

奥特莱斯

Bvlgari Outlet
Bvlgari

地图p.28-E

交 从地铁A线Corneria站乘坐246路巴士15分钟到　✉ Via Aurelia, 1052　☎ 06-6617071　营 10:00~19:00　休 周日、节假日、8月

以市场价6折的价格入手Bvlgari产品

位于从罗马开车45分钟距离的郊外。170平方米的店里，跟路面店铺一样高级。宝石、手表、丝巾、餐具、浴室用品也有卖，产品种类很多。

奥特莱斯

Diffisione Tessile
Diffisione Tessile

地图p.28-J

交 从地铁B线E.U.R.Fermi站打车25分钟
✉ Via Pontina KM28,400 ☎ 06-9105673 营 10:00~20:00 休 1/1、复活节、12/25、12/26

人气Max Mara产品很划算

优雅的设计，职场女性喜爱的Max Mara的直销店。夹克、裤子、鞋子等种类繁多。位于刚过罗马南部的卡斯泰利罗姆的地方。

家居服

Cesari
Cesari

地图p.30-A

交 从地铁A线Flaminio站步行3分钟
✉ Via del Babuino,195 ☎ 06-3613451
营 10:00~13:00、14:00~19:00，周一16:00~19:00 休 周一上午、周日、8月休息三周

上等亚麻专卖店

有刺绣的睡衣、长袍等晚装，毛巾等都能找到好质量的。

书 · CD

Mondadori
Mondadori

地图p.35-D

交 从地铁A线Lepanto站步行5分钟
✉ Piazza Cola di Rienzo, 81/83
☎ 06-3220188 营 9:30~20:00、周六~21:00，周日10:00~13:00、16:00~20:00 休 无休

CD、DVD也很多的大型书店

写真集、美术书、旅游地图等种类很多。CD货架处有很多与歌剧有关的。

玩具

Citta' Del Sole
Citta'Del Sole

地图p.32-F

交 从Pantheon步行5分钟 ✉ Via della Scrofa, 65
☎ 06-68803805 营 10:00~19:30、周日11:00~
休 1/1、复活节、4/25、8/15、8/16、12/25、12/26

世界玩具大集汇

店里有来自全世界的玩具。既有简单的木制积木玩具，又有高科技玩具，种类齐全。如果为带什么礼物而发愁的话不妨来这里看看。

厨房用品

C.u.c.i.n.a
C.u.c.i.n.a

地图p.30-A

交 从地铁A线Spagna站步行7分钟
✉ Via Mario de'fiori, 65 ☎ 06-6791275
营 10:00~19:30，周日・周一11:30~、周六10:30~ 休 复活节、12/25、12/26

高雅、别致的厨房用品齐全

有咖啡机、芝士研磨器等，有的话会很方便的东西很多。

厨房用品

Gusto
Gusto

地图p.30-A

交 从地铁A线Spagna站步行10分钟 ✉ Piazza Augusto Imperatore,7 ☎ 06-3236363
营 10:30~20:00，周五、周六~21:00 休 无休

选料理书&厨房杂货的话来这里

设有咖啡餐馆的店里，有很多以料理为主题的书籍和厨房用品。还有很多在国内几乎看不到的产品，做礼物的话对方应该会很喜欢的。

商场

La Rinascenre

LaRinascente

地图p.30-E

交 从地铁A线Spagna站步行10分钟
✉ Galleria A.Sordi ☎ 06-6784209
营 10:00~21:00 休 1/1、复活节、12/25、12/26

位于市中心，方便前往

位于面对科尔索大街的购物中心“阿尔贝托·索尔迪拱廊街”内部。一楼是化妆品、杂货，二楼是衣服。跟国内的商场不一样，这里没有食品卖场。

商场

Roma Mitsukoshi

Roma Mitsukoshi

地图p.31-G

交 从地铁A线Repubblica站步行3分钟
✉ Via Nazionale, 259 ☎ 06-4818215
营 10:30~19:30 休 1/1、12/25、12/26

可以用中文购物的安心感

从Coach、Ferragamo等名牌产品到橄榄油等食品都是经过严格挑选的，在这里可以高效购物。

商场

Coin

Coin

地图p.31-L

交 Termini站内 ✉ Stazione Termini, Via Giolitti, 10 ☎ 06-47825909 营 8:00~22:00（节假日会有变动） 休 一部分节假日

易于前往这点是全罗马第一

可以从特尔米尼车站的站台出入。包包、鞋子、化妆品、衣服按种类摆放，方便顾客选购。

食品

Eatray Roma

Eatary Roma

地图p.29-K

交 从FSOstiense站或者地铁B线Piramide站过地下通道再步行5分钟
✉ Piazzale XII Ottobure, 1492 ☎ 06-90279201
营 10:00~0:00a.m. 休 8/15

宽敞的店铺、严格挑选的食品

汇集了从意大利各地精选的食品的食品超市，有肉、鱼、面包、红酒。每个卖场都有饮食区域，可以在这里吃饭。

化妆品·浴室用品

诺维拉药房

Offcina Profumo-Farmaceutica di Santa Maria Novella

地图p.32-F

交 从Piazza Navona步行1分钟
✉ Corso Rinascimento,47 ☎ 06-6872446
开 10:00~19:30 休 8月休息一周、12/25、12/1~次年1/7之外的周日

在修道院制作的浴室用品很有人气

基础化妆品和浴室用品很有人气。无添加的玫瑰水、有预防肌肤干燥效果的杏仁皂等，个个包装精美。

食品

Palombi

Palombi

地图p.30-B

交 从地铁A线Barberini站步行8分钟
✉ Via Vittorio Veneto, 114 ☎ 06-4885817
营 7:30~19:30、7~9月的周六是15:00开始营业 休 周日、节假日、8月的第二周~月末

当地女性也很喜欢的面包房

刚烤好的面包、曲奇很香，还有即切即卖的比萨。想随便吃点的时候来这里最合适了。

食品

La Bottega del Cioccolato

La Bottega del Cioccolato

地图p.31-K

交 从地铁B线Cavour站步行5分钟
✉ Via Leonina,82 ☎ 06-4821473
营 9:30~19:30 休 12月之外的周日

自然派巧克力

用北意大利皮埃蒙特传承下来的方法制作的不添加防腐剂、食品添加剂、植物油的巧克力。100g€8.50起。最多能放15天。还能包装成礼物。

食品

Franchi

Franchi

地图p.35-C

交 从地铁Ottaviano站步行5分钟
✉ Via Cola di Rienzo,204 ☎ 06-6874651
营 9:00~20:30 休 周日、节假日

仅芝士就有100种

出售从整个欧洲严格挑选来的食品。芝士和生火腿都可以散称。不想在外面吃的时候可以外带回去。

食品

Fratelli Fabbi

Fratelli Fabbi

地图p.30-A

交 从地铁A线Spagna站步行5分钟
✉ Via della Croce, 27/28
☎ 06-6790612 营 8:00~19:45 休 周日、8月中旬的两周

罗马人打包票的新鲜芝士和火腿

30多种芝士和火腿、面包都可以散称。因为是给当地的高级餐厅专供的，所以味道完全有保证。不妨打包回到酒店房间尝一尝。有橄榄油、意面、干鱼子等，适合做礼品用的食品也有很多种。橄榄油约€11起，干鱼子、意面约€5.90。

名牌店

Gucci

Gucci

地图p.30-A

交 从地铁A线Spagna站步行5分钟
✉ Via dei Condotti,8 ☎ 06-6789340
营 10:00~19:30 休 1/1、12/25、12/26

寻觅国内未见的款式

GG图案的粗麻布质地的钱包、包包好看又实用。

名牌店

Prada

Prada

地图p.30-A

交 从地铁A线Spagna站步行5分钟 ✉ Via dei Condotti,92/95 ☎ 06-6790897 营 10:00~19:30 休 1/1、12/25、12/26

包包、衣服、鞋子都有

靠近孔多蒂大街的西班牙台阶。除鞋包之外还有很多衣服。

名牌店

Bvlgari

Bvlgari

地图p.30-A

交 从地铁A线Spagna站步行5分钟
✉ Via del Condotti,10 ☎ 06-696216
营 10:00~19:30、周一11:00~19:00 休 无休

总店商品品类繁多、品质一流

从高级珠宝、手表到香水、丝巾种类齐全。

名牌店

A Testoni

A Testoni

地图p.30-A

交 从地铁A线Spagna站步行5分钟
✉ Via Condotti,80 ☎ 06-6788944
营 10:00~19:00 休 8月的周日

最高品质的皮革制品

使用防水性能优良的驯鹿皮革制作的包包非常耐用。

特米尼火车站周边

圣雷吉斯罗马酒店
The St. Regis Roma
地图p.31-G ★★★★★

交 从地铁A线Repubblica站步行6分钟
✉ Via Vittorio E. Orlando,3
☎ 06-47091 FAX 06-4747307
€ T €256~
HP http://www.stregisrome.com/

罗马博斯科洛艾科拉酒店
Boscolo Exedra Roma
地图p.31-G ★★★★★

交 从地铁A线Repubblica站步行2分钟
✉ Piazza della Repubblica, 47
€ T €240~
☎ 06-489381 FAX 06-48938000
HP http://www.boscolohotels.com/（精选）

阿特内奥花园皇宫酒店
Ateneo Garden Palace Roma
地图p.29-H ★★★★

交 从特尔米尼火车站步行2分钟
€ T €170~
☎ 06-4440042 FAX 06-4453621
✉ Via del Salentini, 1/3
HP http://www.ateneorome.com/

维景星光酒店
Starhotel Metropole
地图p.31-G ★★★★

交 从特尔米尼火车站步行5分钟
✉ Via Principe Amedeo,3
☎ 06-47741 FAX 06-4740413
€ T €140~
HP http://www.starhotels.com/（星级酒店）

梅斯纳特宫酒店
Mecenate Palace
地图p.31-L ★★★★

交 从特尔米尼火车站步行5分钟
✉ Via Carlo Alberto,3
☎ 06-44702024 FAX 06-4461354
€ T €95~
HP http://www.mecenatepalace.com/（英语）

罗马焦贝蒂酒店
Gioberti
地图p.31-L ★★★★

交 从特尔米尼火车站步行2分钟
€ T €79~
☎ 06-4440625 FAX 06-4440622
✉ Via Gioberti, 20
HP http://www.hotelgioberti.it/（英语）

罗马戴安娜酒店
L'Hotel Diana a Roma
地图p.31-G ★★★★

交 从特尔米尼火车站步行8分钟
✉ Via Principe Amedeo,4
☎ 06-478681 FAX 06-486998
€ T €95~
HP http://www.hoteldianaroma.com/（英语）

罗马托里诺酒店
Torino Hotel
地图p.31-G ★★★★

交 从特尔米尼火车站步行3分钟
✉ Via Principe Amedeo,8
☎ 06-484638 FAX 06-4882247
€ T €68~ HP http://www.leonardihotels.com/（推荐酒店精选）

马西莫酒店
Hotel Massimo D'Azeglio
地图p.31-H ★★★★

交 从特尔米尼火车站步行3分钟
✉ Via Cavour, 18
☎ 06-4870270 FAX 06-4827386
€ T €88~
HP http://www.romehoteldazeglio.it/

罗马环球贝斯特韦斯特酒店
Best Western Hotel Universo
地图p.31-G ★★★★

交 从特尔米尼火车站步行5分钟
✉ Via Principe Amedeo, 5/B
☎ 06-476811 FAX 06-4745125
€ T €109~
HP http://www.hoteluniverso.com/

罗马大西洋酒店
Hotel Atlantico
地图p.31-G ★★★★

交 从特尔米尼火车站步行3分钟
✉ Via Cavour, 23
☎ 06-485951 FAX 06-4827492
€ T €71~ HP http://www.romehotelatlantico.it/（推荐酒店精选）

帕拉提诺大酒店
Grand Hotel Palatino
地图p.31-K ★★★★

交 从地铁B线Cavour 站步行3分钟
€ T €120~
☎ 06-4814927 FAX 06-4740726
✉ Via Cavour, 213/m
HP http://www.hotelpalatino.com/（英语）

酒店客房内提供保险柜　大厅Wi-Fi免费　客房内Wi-Fi免费　客房内Wi-Fi收费
※旅游淡季时的最低房费。同时须支付旅居税。

特尔米尼火车站周边

意大利贝斯特韦斯特总统酒店
Best Western Hotel President

地图p.29-G ★★★★

交 从地铁A线Manzoni 站步行5分钟
€ T €85~
☎ 06-6770121 FAX 06-7008740
✉ Via Emanuele Filiberto, 173
HP http://www.hotelpresident.com/

罗马圣雷莫酒店
Hotel San Remo

地图p.31-G ★★★

交 从特尔米尼火车站步行3分钟
€ T €70~
☎ 06-4881741 FAX 06-47822218
✉ Via Massimo D'Azeglio, 36
HP http://www.hotelsanremorome.com/

罗马尼扎酒店
Hotel Nizza Rome

地图p.31-G ★★★

交 从特尔米尼火车站步行3分钟
€ T €63~
☎ 06-4881061 FAX 06-4882057
✉ Via Massimo D'Azeglio, 16
HP http://www.hotelnizzaroma.com/

罗马佳乐斯酒店
Galles Hotel Rome

地图p.29-C ★★★

交 从特尔米尼火车站步行10分钟
€ T €88~
☎ 06-448741 FAX 06-4456993
✉ Viale Castro Pretorio, 66
HP http://www.galleshotelrome.com/

罗马风中玫瑰酒店
Hotel Windrose Rome

地图p.31-H ★★★

交 从特尔米尼火车站步行8分钟
€ T €49~
☎ 06-4821913 FAX 06-4821913
✉ Via Gaeta, 39-41
HP http://www.hotelwindrose.com/

罗马格洛巴斯贝特韦斯特酒店
Best Western Hotel Globus Roma

地图p.29-D ★★★

交 从特尔米尼火车站乘出租车10分钟
€ T €67~
☎ 06-4457001 FAX 06-4941062
✉ Viale Ippocrate, 119
HP http://www.globushotel.it/

罗马阿特米德酒店
Artemide

地图p.31-G ★★★

交 从地铁A线Repubblica站步行5分钟
€ T €135~
☎ 06-489911 FAX 06-48991700
✉ Via Nazionale, 22
HP http://www.hotelartemide.it/（英语）

阿尔贝哥特蒂酒店
Albergo Teti

地图p.31-L ★★

交 从特尔米尼火车站步行3分钟
€ T €53
☎ 06-48904088 FAX 06-45434241
✉ Via Principe Amedeo, 76
HP http://hotelteti.it/

Barberrini站周边

罗马马杰斯特克大酒店
Majestic Rome

地图p.30-B ★★★★★

交 从地铁A线Barberrini站步行3分钟
€ T €250~
☎ 06-421441 FAX 06-4885657
✉ Via Vittorio Veneto, 50
HP http://www.hotelmajestic.com（英语）

雷吉安博洛尼亚女王酒店
Regina Baglioni

地图p.30-B ★★★★★

交 从地铁A线Barberrini站步行6分钟
€ T €260~
☎ 06-421111 FAX 06-42012130
✉ Via Vittorio Veneto, 72
HP http://www.baglionihotels.com/

威斯汀罗马精品酒店
Westin Excelsior Rome

地图p.30-B ★★★★★

交 从地铁A线Barberrini站步行4分钟
€ T €270~
☎ 06-47081 FAX 06-4826205
✉ Via Vittorio Veneto, 125
HP http://www.westinrome.com/

玫瑰花园宫酒店
Rose Garden Palace

地图p.31-C ★★★★

交 从地铁A线Barberrini站步行5分钟
€ T €220~
☎ 06-421741 FAX 06-4815608
✉ Via Boncompagni, 19
HP http://www.rosegardenpalace.com/（英语）

酒店客房内提供保险柜　大厅Wi-Fi免费　客房内Wi-Fi免费　客房内Wi-Fi收费

Barberrini站周边

NH维托利奥威尼托酒店
NH Vittorio Veneto

地图p.30-B ★★★★★

交 从地铁A线Barberrini站步行7分钟
✉ Corso d'Italia,1
☎ 06-84951 FAX 06-8841104
€ T €182~
HP http://nhvitoriovenet.hotelinroma.com/

国王酒店
Hotel King

地图p.30-F ★★★

交 从地铁A线Barberrini站步行4分钟
€ T €68~
☎ 06-4880878 FAX 06-42011388
✉ Via Sistina, 131
HP http://www.hotelkingroma.com/（英语）

Spagna站周边

罗马斯普莱迪德皇家酒店
Hotel Splendide Royal Rome

地图p.30-B ★★★★★

交 从地铁A线Spagna站步行10分钟
€ T €218~
☎ 06-421689 FAX 06-42168800
✉ Via di Porta Pinciana, 14
HP http://www.aplendideroyal.com/

罗马维多利亚酒店
Hotel Victoria Rome

地图p.30-B ★★★★

交 从地铁A线Spagna站步行12分钟
€ T €140~
☎ 06-423701 FAX 06-4871890
✉ Via Campania, 41
HP http://hotelvictoriaroma.com（英语）

西班牙台阶艺术酒店
Hotel Art by The Spanish Steps

地图p.30-A ★★★★

交 从地铁A线Spagna站步行5分钟
€ T €172~
☎ 06-328711 FAX 06-36003995
✉ Via Marguppa, 56
HP http://www.hotelartrome.com/

达芬奇雷奥纳多美好酒店
NH Leonardo da Vinci

地图p.35-D ★★★★

交 从Piazza Popolo 站步行10分钟
✉ Via dei Gracchi, 324
☎ 06-848390227 FAX 06-3610138
€ T €140~
HP http://nh-hotels.com（推荐酒店精选）

梵蒂冈博物馆/圣天使堡

罗马维斯孔蒂皇宫酒店
Visconti Palace Hotel

地图p.35-D ★★★★

交 从地铁A线Lepanto 站步行15分钟
€ T €113~
☎ 06-3684 FAX 06-3200551
✉ Via Federico Cesi, 37
HP http://www.viscontipalace.com/（英语）

罗马米开朗琪罗星之酒店
Starhotel Michelangelo

地图p.34-J ★★★★

交 从地铁A线Ottaviano 站步行15分钟
€ T €130~
☎ 06-398739 FAX 06-632359
✉ Via della Stazione di San Pietro, 14
HP http://www.starhotels.it/（星级酒店精选）

罗马哥伦布酒店
Hotel Columbus

地图p.35-G ★★★★

交 从地铁A线Ottaviano 站步行15分钟
€ T €78~
☎ 06-6865435 FAX 06-6864874
✉ Via della Conciliazione, 33
HP http://www.hotelcolumbus.net/（英语）

罗马德里美丽尼酒店
Hotel dei Mellini

地图p.28-B、35-D ★★★★

交 从地铁A线Lepanto 站步行3分钟
€ T €195~
☎ 06-324771 FAX 06-32477801
✉ Via Muzio Clementi, 81
HP http://www.hotelmellini.com/（英语）

波格赛美术馆周边

罗马比佛利山庄大酒店
Grand Hotel Beverly Hills

地图p.29-C ★★★★

交 从特尔米尼火车站乘坐出租车大约10分钟
€ T €124~ ☎ 06-8542141 FAX 06-85350037
✉ Largo Benedetto Marcello, 220
HP http://www.niguesahotels.com/hotel-beverly-hills-rome

罗马公爵酒店
The Duke Hotel Rome

地图p.29-C ★★★★

交 从特尔米尼火车站乘坐出租车大约10分钟
€ T €89~
☎ 06-367221 FAX 06-36004104
✉ Via Archimede, 69
HP http://www.thedukehotel.com/

※旅游淡季时的最低房费。同时须支付旅居税。

佛罗伦萨

Firenze 地图p.6-E

文艺复兴文化发祥地佛罗伦萨。全世界屈指可数的美丽之都，可以说整个城市就是座美术馆，有很多艺术品。一定要见识下它的魅力。

美丽的世界遗产——佛罗伦萨

ACCESS **佩雷托拉（亚美利哥·韦斯普奇）机场→佛罗伦萨市内** 巴士▶30分钟 出租车▶到市中心约15分钟

观光咨询处
中央广场站✉Piazza della Stazione, 4
营8:30~19:00，周日、节假日营业至14:00
1/1、5/1、12/25休

城市概况

位于托斯卡纳平原中央的佛罗伦萨，古代这里曾居住着伊特鲁里亚人。不久商人和中小贵族积攒实力，12世纪成为自治都市。与周边的比萨、锡耶纳、卢卡这几个城市之间的领土争议不断也是从这个时候开始的。

进入14世纪后，以丝绸业、羊毛业为中心行业，工会开始形成组织，金融业也开始发展起来。

美丽的杜奥莫和钟楼

佛罗伦萨发生显著变化是在15世纪通过与罗马教廷的商业交易而积累权力和财产的美第奇家族兴起之后，中心人物是合并锡耶纳、统一托斯卡纳的科西莫·德·美第奇。在创建托斯卡纳大公国的科西莫的领导下，美第奇家族迎来全盛时期，他召集来波堤切利、多纳泰罗、马萨乔等那个年代技艺精湛的艺术家们，投入大量资金推进了文艺复兴运动。之后一直到16世纪，列奥纳多·达·芬奇、米开朗琪罗等开始活跃，雕刻方面吉贝尔蒂、多纳泰罗等用他们的作品装饰了这座城市。佛罗伦萨成为了欧洲文学、艺术、科学最先进的城市。

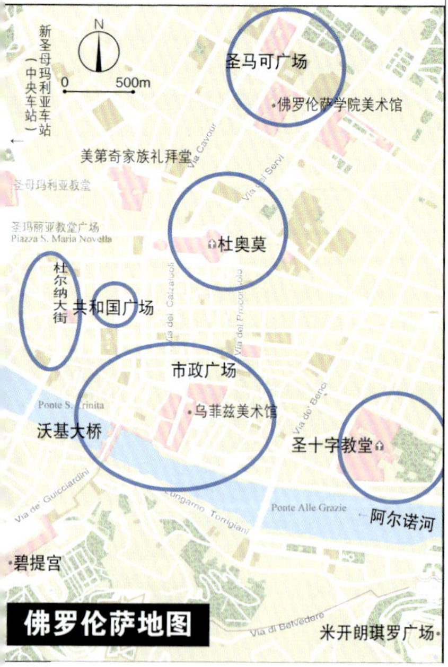

佛罗伦萨地图

观光亮点

这座城市有被誉为"没有屋顶的美术馆"的建筑群，还有很多文艺复兴最高峰的绘画，以及以雕刻为首的艺术作品。

保留中世纪城市模样的城市中心

市中心虽然只要有行就能走遍的大小，但是有很多值得一看的地方。如果想仔细看、慢慢逛的话，需要两天时间。杜奥莫、乔托钟楼、圣乔凡尼洗礼堂、乌菲兹美术馆、领主广场、老桥、美第奇家族礼拜堂等，逛遍这几个地方一般需要安排一晚两天的计划。

◆**品味托斯卡纳料理**

佛罗伦萨是托斯卡纳料理的发源地。炭烤佛罗伦萨牛排等肉类料理很有名，芸豆、白豆用香草、橄榄油等炖制的豆类料理也很多。从将传统料理做成现代风的高级餐厅到朴素的家常菜馆，佛罗伦萨有各种各样的餐馆。通过品尝当地料理来亲自感受一下托斯卡纳的丰饶吧。

◆**俯瞰“花之都”**

登上能俯瞰这座美丽城市的杜奥莫广场钟楼和穿城而过的阿尔诺河对岸高地上的米开朗琪罗广场上看看吧。傍晚时分的景色尤为浪漫。

◆**逛逛奥特莱斯**

在奥特莱斯，品牌店的过季产品花一笔合适的价钱就能入手。佛罗伦萨近郊有很多人气品牌的奥特莱斯。有很多地方乘巴士就能到，如果冲着购物而来的话建议一定要去。

◆**佛罗伦萨特产**

从中世纪开始以丝绸、羊毛业、金属工艺品等传统为支撑形成制造业城市佛罗伦萨。这里有很多人从事棉麻、羊毛制品、皮革制品、珠宝饰品的制造，选择设计与品质兼优的良品用来做礼物最合适了。金属工艺品作坊兼店铺在老桥到领主广场一带以及碧提宫到卡米尔内广场的平民区很集中。

区域简介

◆**杜奥莫周边**

为文艺复兴建筑名作集结的“花之都”的中心。圣乔凡尼洗礼堂、乔托钟楼等杰出的建筑聚集，也成为了城市的精神象征。

◆**领主广场周边**

中世纪以来一直是城市中心的广场周围，聚集着贵族的宫殿、美术馆、壮丽的教堂建筑，其中最吸引人眼球的是因美第奇家族的文艺复兴绘画收藏而闻名的乌菲兹美术馆。波堤切利的《春》《维纳斯的诞生》，列奥纳多·达·芬奇的《受胎告知》，米开朗琪罗的《圣家族》等文艺复兴美术的顶尖作品，一定要看看。

◆**圣马可广场一带**

杜奥莫往北约500米处的圣马可广场，也是看点集中的地方之一。广场旁边有收藏并展出世界有名的雕刻作品之一米开朗琪罗代表作《达维德》的学院美术馆。广场对面的圣马可教堂也是藏有文艺复兴美术杰作的美术馆。

出自手工艺人之手的珠宝饰品和皮革制品

市内交通

市中心的主要看点集中在杜奥莫广场周围，走路也都能看遍。赶时间的时候或者是想去阿尔诺河对岸的米开朗琪罗广场的话，可以先了解下巴士和出租车等交通工具的使用方法。

巴士 Autobus

起步价：单次票€1.20

线路如网眼般遍布整个城市，延伸至近郊。游客能看到的大概就是以杜奥莫为圆心直径1.5km左右的范围，所以不乘巴士步行就行。去圣马可广场或者阿尔诺河对岸的米开朗琪罗广场的话，乘巴士比较方便。还有面向游客的上下车自由的观光巴士。

◆观光巴士·佛罗伦萨

上下车自由的双层巴士途经市内主要景点和位于高地的米开朗琪罗广场等，有两条线路。红红的车身是标志。车内还有中文的讲解器。路线如下：

「A线」圣玛利亚诺瓦拉站前→杜奥莫→圣马可广场→米开朗琪罗广场→托纳波尼大街→圣玛利亚诺瓦拉站

红色车身的是city sightsee公司的巴士。左下是售票处。右边是环保巴士。

「B线」圣弗雷迪亚诺门（在城市的西南方向）→托纳波尼大街→圣玛利亚诺瓦拉站前→杜奥莫→邻街费埃索莱→碧提宫→卡尔米内圣母大殿→圣玛利亚诺瓦拉站前

1日票2条线路通用的票价是€20。由city sightseeing公司运营，票可以在观光咨询处（APT）、车站周边的报刊亭，以及有city sightseeing招牌的店里买到。或者在mybus-europe的网站上购买。

http://www.mybus-europe.jp/

便于观光的巴士

市内除了市营的普通巴士还有环保型的迷你巴士。

※另外还有环绕市内各景点的面向游客的双层巴士。由city sightseeing公司运行的这种双层巴士，票是24小时有效的，普通巴士也可以随便坐，票价€22。车票

“Firenze Passepartour”在观光咨询处（APT）、便利店（卖报纸等的店铺）以及双层巴士的车内都可以购买。

巴士&电车通用的刻印机

多次有效票在刻印机上刷一下

◆普通巴士

从站前开往圣马可广场方向的25路车、31路车，从车站开往杜奥莫方向的14路车、23路车比较方便。单次票（70分钟）€1.20，24小时有效的1日票€5。票可以在车站的售货亭购买。

◆环保巴士

靠电力运行的环保型迷你巴士也可用于观光。线路从C1到D一共4条。C1线的停靠站有车站、圣马可美术馆、共和国广场、杜奥莫旁、领主广场旁等。C2线的停靠站有车站、托纳波尼大街入口、共和国广场前、巴杰罗美术馆等。C3线连接卡西内公园、卡瑞拉桥、碧提宫、圣十字教堂等。D线连接车站、碧提宫、阿尔诺河对岸。票价和乘坐方法与普通巴士一样。

出租车 Taxi

票价：基础费用€3.30

没有流动的出租车，要么在车站或者杜奥莫前的出租车乘车站搭乘，要么在餐厅或者其他地方叫车。叫车的话，要加上到达乘车地点前的费用。自己叫车的话可以拨打055-4242。基础费用是€3.30。每110m按€0.10计算。22点到次日凌晨6点之间的深夜凌晨时间另加€3.30，周日和节日的时候加€2。

电车 Tram

票价：单次票€1.20

1路线（T1）连接车站西侧的Alamanni Stazione站（阿拉曼-中央火车站）到Villa Constanza站（康斯坦察别墅）的区间。市民的代步工具电车，去卡西内公园也可乘坐。

去卡西内公园、市立剧场也可乘坐的电车。车票与巴士通用。

model plan

2晚3天漫游

推荐旅游线路

※以下介绍傍晚（18点左右）到达当地的游览计划

第1天

PM

●办理入住

放下行李在酒店附近走走。

●前往米开朗琪罗广场

从可以俯视城市的高地看看佛罗伦萨的城市建设吧。

第2天

AM

●市内观光

游览杜奥莫一带、乌菲兹美术馆、老桥。

PM

●在圣马可美术馆和学院美术馆欣赏美术作品或者在托纳波尼大街一带购物

●晚饭吃名菜佛罗伦萨牛排

在人气店铺吃正宗的佛罗伦萨牛排。或者吃牛的内脏料理蜂窝牛肚或烤猪肉等托斯卡纳料理。

第3天

AM

●退房

吃过早饭后寄存行李出去观光。

●在共和国广场一带购物

在广场周围和卡尔查依欧利大街购物。

●前往下一个城市

佛罗伦萨
Firenze
0 100m
N
【H去往喜来登大酒店方向 p.93】
Porta alprato
Viale Belfiore
Piazzale Porta al Prato
Villa Azalee
p.92 隆德拉酒店
有轨电车车站
斯卡拉大道
Tramvia（有轨电车）
Via Luigi Alamanni
商工会馆
Palazzo degli Affari
Galleria Ferroni
Cenacolo di Fuligno
新圣母站（中央火车站）
Staz. Centrale F. S. S. Maria Novella
巴士总站
p.93 阿斯科特酒店
p.92 巴黎酒店
蒂普洛马特酒店 p.92
旅游咨询处
SITA旅行社 巴士总站
金合欢公园
Le Cascine
Viale Fratelli
Starhotel Michelangelo
金合欢市场
Piazza Vittorio Veneto
A
Via Montebello
Il Prato
Via della Scala
Chiesa Americana St. James
佛罗伦萨英美资源集团酒店 p.92
美第奇别墅大酒店 p.92
Via degli Orti Oricellari
p.92 阿利艾勒酒店
Via Magenta
Via Solferino
市立剧院 Teatro Comunale
Corso Italia
Montebello Splendid 克拉夫特大酒店 p.92
Via G. Garibaldi
Lungarno Amerigo Vespucci
Via Palestro
V. S. Lucia
Piazza della Stazione
CAF（巴士）
p.70~71
佛罗伦萨俱乐部酒店 p.93
Piazza dell' Unità Italiana
新圣母玛利亚教堂 p.79
Chiesa di Santa Maria Novella
菲亚斯凯特利亚餐厅
Piazza T. Gaddi
Via G. A. Sogliani
Via della Piazza S. Maria d. Pignone
玫瑰宫酒店
Executive
Principe
Via Curtatone
奥尼桑蒂大街
Via Montebello
Via M. Finiguerra
Borgo Ognissanti
Via del Porcellana
圣·玛利亚·诺韦拉广场
Piazza S. Maria Novella
维斯普奇大桥
Ponte A. Vespucci
Palazzo Lenzi
圣雷吉斯佛罗伦萨大酒店
p.93 威斯汀精益酒店
奥尼桑蒂教堂 Ognissanti
咖啡馆
Via del Moro
Via de Fossi
富西大街
Via Felice Cavallotti
Fonderia
Lungrno di S. Rosa
V. Lungo le Mura di S. Rosa
圣·罗萨大坝
Pescaia di S. Rosa
新维尼亚路
Via della Vigna Nuova
Via Pisana
Via L. Bartolini
Lungarno Soderini
阿尔诺河 Fiume Arno
科尔西尼宫
Palazzo Corsini
Via di Monte Oliveto
Via B. Gozzoli
Via Giacomo Zanella
Via dell' Ancona
Borgo San Frediano
城堡广场
Piazza di Cestello
圣·弗雷蒂亚诺城堡教堂
S. Frediano in Cestello
马车大桥
Ponte Alla Carraia
S. Trinita
E
Via Francesco Berni
Viale Ludovico Ariosto
Via S. Giovanni
Piazza de' Nerli
Via dell' Orto
Via del Leone
圣·特里尼塔大桥
Ponte S. Trinita
F
弗雷斯克巴尔迪宫
Palazzo Frescobaldi
Via di S. Spirito
Viale A. Aleardi
Via Domenico Burchiello
卡尔米内广场
Piazza del Carmine
Via di Camaldoli
Via del
Pandemonio p.84
圣·玛利亚·卡尔米内教堂
Chiesa di Santa Maria del Carmine
Villa Fioravanti
Piazza T. Tasso
Via della Chiesa
圣灵教堂
Chiesa di Sant Spirito
圣灵广场
Piazza S. Spirito
Via Maggio
Via dello Sprone
p.90 Giulio Giannini e Figlio
圭恰迪尼大道
Via de' Guicciardini
Palazzo Guadagni
皮蒂咖啡馆
Via del Campuccio
Via delle Caldaie
Borgo Tegolaio
皮缇广场
Piazza de' Pitti
碧提宫 p.81
Palazzo Pitti
帕拉提那美术馆 p.81
Galleria Palatina
p.81 近代美术馆
Galleria d' Arte Moderna
银器博物馆
Museo degli Argenti
服装博物馆
庭院
Giardino Torrigiani
Via S. Maria
Via de Serragli
驯马大道
Via Romana
Viale della Meridiana
Viale dei Platani
Viale dei Cipressi
J
波波利庭院 p.82
Giardino di Boboli
Piazza della Calza
Porta romana
Viale Niccolò Machiavelli
Via d. Madonna
Via d. Baluardo
Via del Mascherino
Via del Bobolino
美术学校
Istituto d' Arte
【H 考拉别墅大酒店 p.93】
【S 去往Designer Outlet Barberino 方向 p.90】
佛罗伦萨郊区
Dintorni di Firenze
0 10km
赛斯多·费兰蒂诺
Sesto Fiorentino
菲耶索莱
Fiesole
佛罗伦萨 p.64
Firenze
蓬塔谢韦
Pontassieve
S The Mall p.90
雷杰洛
Reggello
理查德SPA美容院
莱切
Leccio
托斯卡纳州
Toscana
Incisa
Incisa
圣乔瓦尼
S. Giovanni
基安蒂格雷沃
Greve in Chianti
S Prada（I Pelletteri d'Italia）p.90
蒙特瓦尔基
Montevarchi
卡斯泰利纳伊恩基亚恩蒂
Castellina in Chianti
拉达因基安蒂
Radda in Chianti
伯格彭思
Poggibonsi

去往自行车租赁中心方向↗
Via XXVII Aprile
圣马可美术馆 p.80
Museo di San Marco
S. Marco
植物园
Museo Botanico
Giardino dei Semplici
多纳泰罗广场
Piazzale Donatello
卡斯塔尼奥美术馆
Cenacolo di
S. Apollonia E Museo
di A. del Castagno
圣马可广场
Piazza S.Marco
佛罗伦萨大学
Università
Palazzo Capponi
盖拉尔戴斯卡花园
Giardino della
Gherardesca
Cimitero Degli
Inglesi
Via Nazionale
朱塞佩·朱斯蒂大道
Via Giuseppe Giusti
S.S.Annunziata
p.85 Trattoria Mario
学院美术馆 p.80
Galleria dell' Accademia
内波内商店
中央市场
Mercato Centrale
考古学博物馆
Museo Archeologico
蒙兰迪酒店
莱·多埃·冯塔奈酒店
卡威尔大道
Via Cavour
Via Ricasoli
咖啡馆
Via dei Servi
孤儿院
Ospedale degli Innocenti
Spedale degli
Innocenti
博尔格·平蒂大道
Borgo Pinti
乔伊·德拉·卡扎商店
美第奇家族礼拜堂 p.79
Cappelle Medicee
美第奇·里卡尔迪宫
Palazzo Medici-Riccardi
阿尔法尼大道
Via degli Alfani
Via Laura
科隆纳大街
Via della Colonna
超市
新圣器收藏室
Sagrestia Nuova
圣·洛伦佐教堂
Basilica di
San Lorenzo
普奇大道
Via de Pucci
塞尔维大道
布鲁内莱斯基广场
Piazza F.
Brunelleschi
阿泽利奥广场
Piazza
Massimo
d' Azeglio
圣·玛利亚·德·帕齐教堂
Santa Maria de' Pazzi
劳伦齐阿纳图书馆
Bibilioteca Laurenziana
圣母百花美术馆
Museo dell' Opera
del Duomo
圣玛利亚医院
Arcispedale di S. Maria Nuova
路易吉·卡罗·法里尼大道
Via Luigi Carlo Farini
Via Giosuè Carducci
Via G.B. Niccolini
Via de' Cerretani
Piazza del Duomo
p.79 乔托钟楼
Campanile
di Giotto
圣母百花大教堂 p.78
Duomo (Basilica di Santa
Maria del Fiore)
佩尔格拉剧院
Teatro della Pergola
蒙娜丽莎宾馆
旧佛罗伦萨博物馆
Museo Firenze com' era
康蒂娜·巴尔巴詹尼
圣乔瓦尼洗礼堂 p.78
Via Roma
特洛奇宫
Palazzo Strozzi
普罗康索勒大道
Via del Proconsolo
Via di Mezzo
Piazza S.
Ambrogio
圣安布罗焦教堂
S. Ambrogio
Battistero di San Giovanni
Piazza G.
Salvemini
共和国广场
Piazza della
Repubblica
卡尔扎伊沃利大道
Via dei Calzaiuoli
科尔索大道
Corso
但丁之家
Casa di Dante
维斯特里商店
邮电局
Poste E Telegrafi
切比广场
Piazza dei Ciompi
Trattoria
Cibreo p.86
Cibreo p.84
巴杰罗美术馆 p.77
Museo Nazionale del Bargello
中央邮局
Poste Telegrafi
Calimala
奥尔萨米格凯莱教堂
Chiesa di Orsanmichele
吉贝里纳大街 Via Ghibelline
阿尼奥罗大街
Via dell' Agnolo
圣安布罗焦市场
Mercato S. Ambrogio
Allegri
新市场廊厅
Loggia del
Mercato
Nuovo
Raccolta D'arte Contemporanea
维尔蒂剧院
Teatro Verdi
市政广场 p.76
Piazza della
Signoria
贡迪宫
Palazzo Gondi
浙江饭店
Macci
维奇奥宫 p.76
Palazzo Vecchio
圣心广场
Piazza di S. Croce
Borgo
Via de'
Via di San
Giuseppe
Via Por Santa Maria
乌菲兹美术馆 p.72
Galleria degli Uffizi
本齐大道
Via de' Benci
老桥 p.76
Ponte Vecchio
领主廊厅
Loggia della Signoria
圣十字教堂 p.77
Chiesa di Santa Croce
帕奇家族小礼拜堂 p.77
Cappella dei Pazzi
国家图书馆
Biblioteca
Nazionale
Viale della Giovine Italia
回廊
Corridoio Vasariano
Plaza Hotel Lucchesi
圣·费里奇诺教堂
Lungarno
Torrigiani
洛伦佐·维罗莱吉
Via de' Bardi
感恩大桥
Ponte Alle Grazie
阿尔诺河
Fiume Arno
圣·尼可洛尼大坝
Pescaia di
S. Niccolò
大酒店方向 p.93
去往哥伦布
托里贾尼宫
Palazzo Torrigiani
Piazza Demidoff
塞利斯托里宫
Palazzo Serristori
巴尔迪尼别墅
Villa Bardini
朱塞佩·波吉广场
Piazza Giuseppe Poggi
Lungarno
Cellini
Lungarno Benvenuto
Porta S. niccolò
Via dei Bestioni
Via della Fornace
Porta S. Miniato
Viale Giuseppe Poggi
门外酒吧
Forte di Belvedere o di S. Giorgio
Via di Belvedere
Porta S. giorgio
Via del Monte alle
Via di S. Salvatore al Monte
米开朗琪罗广场 p.82
Piazzale Michelangelo
Viale Michelangelo
陶器博物馆
Museo delle
Porcellane
Villa S. Leonardo
Via dell' Erta Canina
S. Salvatore
al Monte
Villa Asso
Villa Razzolini
蒙特圣米尼亚多教堂
Chiesa di San Miniato al Monte
San Leonardo
a il Gioiello

佛罗伦萨市中心
Firenze Centro
0 100m
圣·玛利亚·诺韦拉教堂 p.79
Chiesa di Santa Maria Novella
旅游咨询处 p.64
CAF（巴士）
CIT（巴士）
去往圣·玛利亚·诺韦拉车站方向
Piazza dell' Unità Italiana
圣乔治·奥林匹克酒店 p.92
p.92 雷克斯酒店
马杰斯提克酒店
北京饭店
Via del Melarancio
Piazza Madonna degli Aldobrandini
帕里奥尼酒店
p.92 阿斯多利亚酒店
斯卡拉大道 Via della Scala
Officina Profumo-Farmaceutica di S.M.N. p.89
p.84 Sabatini
潘扎尼大道 Via dei Panzani
百合大道 Via del Giglio
Via dell'Alloro
米内尔瓦宾馆
马尔泰利酒店
酒店
皇城餐厅
p.92 巴黎酒店
庄园宫殿酒店
班基大道 Via dei Banchi
帕拉佐洛广场大道 Via della Palazzuolo
圣·玛利亚·诺韦拉广场
Piazza S. Maria Novella
Piazza. S. M. Maggiore
琴托·波维利
V. Rondinelli
p.87 Cantinetta Antinori
安蒂诺里宫 Palazzo Antinori
Via del Trebbio
奥尼桑蒂教堂 Ognissanti
波尔查拉纳大道 Via del Porcellana
p.85 Trattoria del 13 Gobbi
p.92 尤尼科莫大酒店
Cellerini p.88
艾尔梅斯商店
德拉维尔酒店
圣·加埃塔诺教堂 S. Gaetano
Via dei Corsi
圣·乔瓦尼·迪奥医院
Ospedale di S. Giovanni di Dio
太阳大道 Via del Sole
宝剑大道 Via della Spada
p.84 Gargani
百丽·东尼
托纳波尼大街
Max Mara p.91
餐厅
Pal. Corsi
咖啡馆
V. de' Pescioni
威斯汀精益酒店 p.93
富西大街 Via dei Fossi
S. Pancrazio
马里诺·马里尼美术馆
罗贝特·卡维利商店
维尔萨斯
布拉查里尼
商店
斯诺罗齐大道 Via degli Strozzi
巴克斯
Borgo Ognissanti
莫罗大街 Via del Moro
Via dei Federighi
Il Latini p.86
曼切拉宫 Palazzo Rucellai
Gucci
斯特罗齐宫 Palazzo Strozzi
Piazza d. Strozzi
路易威登
阿美利哥·维斯普奇河岸大街 Lungarno Amerigo Vespucci
乔瓦尼饭店
新维尼亚大街 Via della Vigna Nuova
拉沙贝尔
罗洛·皮耶纳
Caffè Giacosa p.86
科尔多尼广场 Piazza C. Goldoni
Officina de' Tornabuoni p.89
p.91 Gucci
p.91 Bvlgari
p.91 Prada
乔治·阿玛尼
公寓酒店
卡地亚
塞乔·罗西
Via de' Tornabuoni
里卡索利宫 Palazzo Ricasoli
Via del Parione
Via del Purgatorio
阿尔贝特商店
科尔西尼宫 Palazzo Corsini
p.89 La Bottega dell' Olio酒店
时装店
塔尼诺·克里斯奇
Emilio Pucci p.91
达万扎蒂广场 Piazza de' Davanzati
马车大桥 Ponte Alla Carraia
Lungarno Corsini
Via Parioncino
蒂芙尼
波尔塔·罗萨大道
Oliviero p.84
圣·特里尼塔修道院 S. Trinita
圣·特里尼塔广场 Piazza S. Trinita
温泉大道 Via delle Terme
维尔萨齐
维内塔
Salvatore Ferragamo p.91
Palazzo Ferroni
阿尔诺河 Fiume Arno
p.91 Ermenegildo Zegna
卡斯特里
英菲尼迪
阿波斯托利大街
阿莱桑德拉
贝尔基埃里酒店
Lungarno Acciaioli
Chiesa Presbiteriana
Lungarno Guicciardini
p.86 Mangia Foco
圣三一桥 Ponte S. Trinita
圣灵大街 S. Spirito
安焦利诺料理店
圭恰迪尼宫 Palazzo Guicciardini
Via dei Serragli
弗雷斯科巴尔迪广场 de' Frescobaldi
弗雷斯克巴尔迪宫 Palazzo Frescobaldi
S. Jacopo Soprarno
Via Maffia
Via d. Presto di S. Martino
Via Maggio
Via dello Sprone
Borgo Sant' Jacopo
伦加尔诺酒店
碧提宫酒店 p.93
吉娜玛文
五点零五分咖啡馆
p.88 Madva
Via Guicciardini
p.88 Mannina
p.87 Le Volpi e L' uva
去往皮缇宫方向
圣灵教堂 Chiesa di Sant Spirito
圣灵城 S. Spirito
A B E F I J

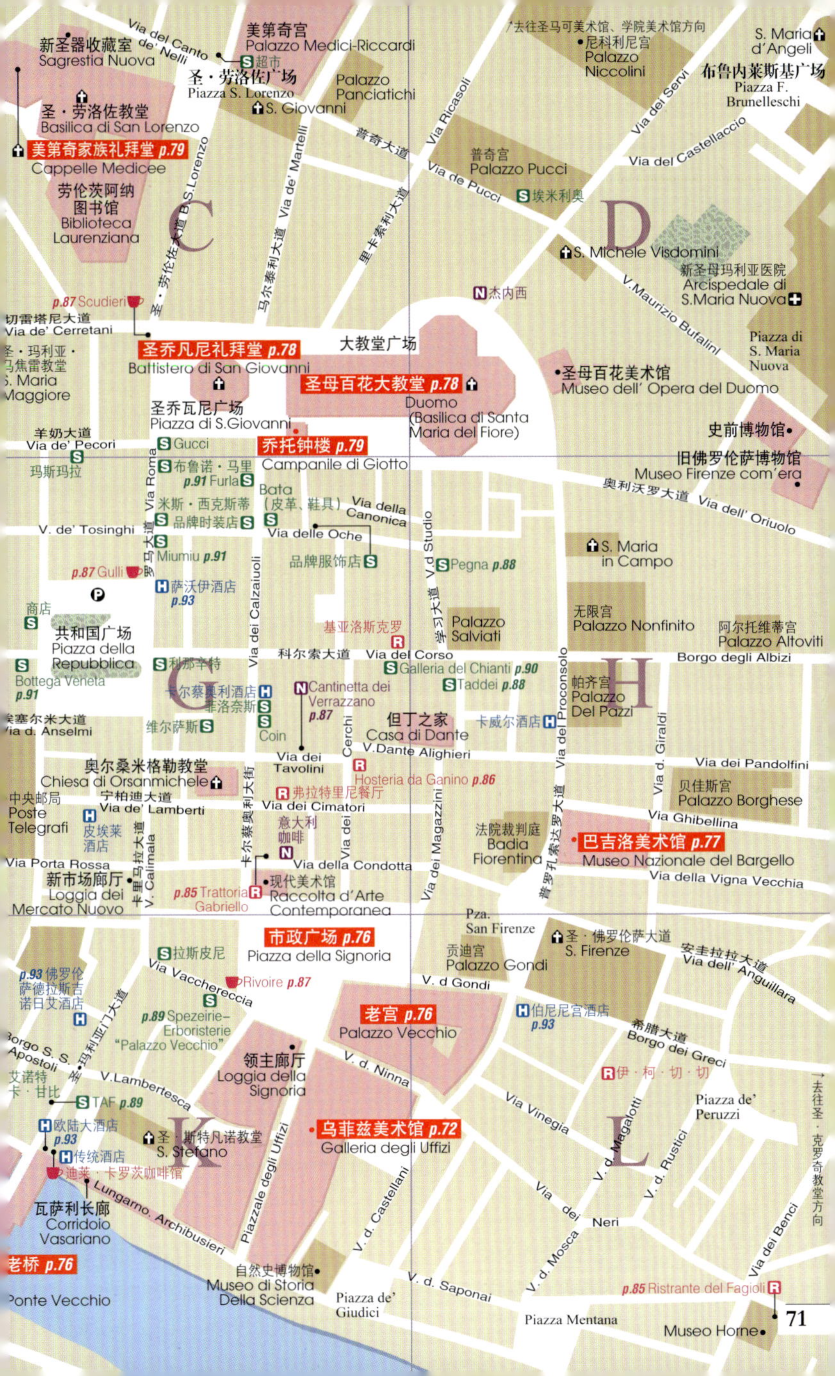

新圣器收藏室
Sagrestia Nuova
Via del Canto de' Nelli
美第奇宫
Palazzo Medici-Riccardi
超市
圣・劳洛佐广场
Piazza S. Lorenzo
Palazzo Panciatichi
S. Giovanni
去往圣马可美术馆、学院美术馆方向
尼科利尼宫
Palazzo Niccolini
S. Maria d'Angeli
布鲁内莱斯基广场
Piazza F. Brunelleschi
圣・劳洛佐教堂
Basilica di San Lorenzo
美第奇家族礼拜堂 p.79
Cappelle Medicee
劳伦茨阿纳图书馆
Biblioteca Laurenziana
C
圣・劳伦佐大道 B.S.Lorenzo
马尔泰利大道 Via de' Martelli
普奇大道
Via Ricasoli
里卡索利大道
普奇宫
Palazzo Pucci
Via de Pucci
埃米利奥
Via dei Servi
Via del Castellaccio
D
S. Michele Visdomini
新圣母玛利亚医院
Arcispedale di S.Maria Nuova
杰内西
V.Maurizio Bufalini
Piazza di S. Maria Nuova
p.87 Scudieri
切雷塔尼大道
Via de' Cerretani
圣・玛利亚・马焦雷教堂
S. Maria Maggiore
圣乔凡尼礼拜堂 p.78
Battistero di San Giovanni
大教堂广场
圣母百花大教堂 p.78
Duomo (Basilica di Santa Maria del Fiore)
圣母百花美术馆
Museo dell' Opera del Duomo
圣乔瓦尼广场
Piazza di S.Giovanni
史前博物馆
羊奶大道
Via de' Pecori
Gucci
乔托钟楼 p.79
Campanile di Giotto
旧佛罗伦萨博物馆
Museo Firenze com'era
玛斯玛拉
布鲁诺・马里
p.91 Furla
Bata (皮革、鞋具)
Via della Canonica
奥利沃罗大道
Via dell' Oriuolo
Via Roma
米斯・西克斯蒂
品牌时装店
Via delle Oche
V. de' Tosinghi
罗马大道
Miumiu p.91
品牌服饰店
V. d Studio
学习大道
Pegna p.88
S. Maria in Campo
p.87 Gulli
萨沃伊酒店 p.93
Via dei Calzaiuoli
无限宫
Palazzo Nonfinito
商店
共和国广场
Piazza della Repubblica
基亚洛斯克罗
Palazzo Salviati
阿尔托维蒂宫
Palazzo Altoviti
科尔索大道
Via del Corso
Borgo degli Albizi
Bottega Veneta p.91
利那辛特
Galleria del Chianti p.90
Taddei p.88
Via del Proconsolo
G
卡尔察奥利酒店
菲洛奈迪
Cantinetta dei Verrazzano p.87
H
帕齐宫
Palazzo Del Pazzi
安塞尔米大道
Via d. Anselmi
维尔萨斯
Coin
Cerchi
但丁之家
Casa di Dante
卡威尔酒店
V.Dante Alighieri
Via d. Giraldi
Via dei Tavolini
Via dei Pandolfini
奥尔桑米格勒教堂
Chiesa di Orsanmichele
Hosteria da Ganino p.86
贝佳斯宫
Palazzo Borghese
中央邮局
Poste Telegrafi
宁柏迪大道
Via de' Lamberti
弗拉特里尼餐厅
Via dei Cimatori
Via dei Magazzini
普罗孔索洛大道
Via Ghibellina
皮埃莱酒店
卡尔察奥利大街
意大利咖啡
法院裁判庭
Badia Fiorentina
巴吉洛美术馆 p.77
Museo Nazionale del Bargello
Via Porta Rossa
卡里马拉大道
V. Calimala
Via della Condotta
Via dei
新市场廊厅
Loggia del Mercato Nuovo
p.85 Trattoria Gabriello
现代美术馆
Raccolta d'Arte Contemporanea
Via della Vigna Vecchia
Pza. San Firenze
圣・佛罗伦萨大道
S. Firenze
市政广场 p.76
Piazza della Signoria
拉斯皮尼
贡迪宫
Palazzo Gondi
安圭拉拉大道
Via dell' Anguillara
p.93 佛罗伦萨德拉斯吉诺日艾酒店
Via Vacchereccia
Rivoire p.87
V. d Gondi
p.89 Spezeirie-Erboristerie "Palazzo Vecchio"
老宫 p.76
Palazzo Vecchio
伯尼尼宫酒店 p.93
希腊大道
Borgo dei Greci
Borgo S. S. Apostoli
圣・玛利亚门大道
领主廊厅
Loggia della Signoria
V. d. Ninna
伊・柯・切・切
艾诺特卡・甘比
V.Lambertesca
TAF p.89
Via Vinegia
Piazza de' Peruzzi
欧陆大酒店 p.93
圣・斯特凡诺教堂
S. Stefano
K
乌菲兹美术馆 p.72
Galleria degli Uffizi
L
V. d. Magalotti
V. d. Rustici
传统酒店
迪莱・卡罗茨咖啡馆
Piazzale degli Uffizi
V. d. Castellani
Via dei Neri
去往圣・克罗奇教堂方向
瓦萨利长廊
Corridoio Vasariano
Lungarno Archibusieri
V. d. Mosca
Via dei Benci
老桥 p.76
Ponte Vecchio
自然史博物馆
Museo di Storia Della Scienza
Piazza de' Giudici
V. d. Saponai
p.85 Ristrante del Fagioli
Piazza Mentana
Museo Horne

领主广场周边
Piazza della Signoria

从杜奥莫沿着主干道卡尔查依欧利大街往南走，会来到热闹的广场。这里曾是佛罗伦萨共和国的政治中心领主广场。这一带哥特式宫殿建筑和乌菲兹美术馆等必去景点有很多。

乌菲兹美术馆
Galleria degli Uffizi

地图p.69-G

交 从领主广场步行1分钟
营 8:15~18:50（入馆是~18:05）周一、1/1、5/1、12/25不开放 € €6.50（有特别展出的时候票价会有变动）

美第奇家族14世纪作为银行家得势后凭实力统治了佛罗伦萨3个世纪，乌菲兹美术馆收藏了美第奇家族历代的美术收藏品。作为欧洲最古老的美术馆之一，乌菲兹美术馆还因为展览意大利文艺复兴绘画而有名。

由于作为政府办公楼维奇奥宫太小了，第一代托斯卡纳大公科西莫一世委托建筑家乔治奥·瓦萨里设计并于1560年开始花了14年建造了现在的乌菲兹美术馆建筑。当初因为美第奇家族的办公楼（意大利语叫乌菲兹）在此，所以取名叫乌菲兹。将两条细长的空间连接成コ形的灰色建筑物，作为综合办公楼怎么看都太死板了。

科西莫一世去世后，接替他的弗朗西斯一世开始在这个办公楼的最顶层摆放美第奇家族收集来的美术品。据说将第三层作为画廊对外开放是科西莫一世的主意。

1739年，美第奇家族灭绝后，唯一有美第奇血统的亲属，以在佛罗伦萨对一般民众公开美第奇家族收藏品为条件将所有的美术品捐赠给了托斯卡纳政府，于是在1769年作为美术馆正式对一般民众开放。展厅分为三层和二层的第46~48展室两片区域。

要特别关注的作者及其作品

◆菲利波·利比

藏于第8展室的代表作《圣母子与两位天使》是以他的妻子卢克雷齐娅和儿子菲利皮诺·利比为原型创作的。虽然是幅宗教画，却能看到作者自身对家人的温柔目光。在他之前的画家都将背景画得单一，而他画得栩栩如生。据说那个手法还影响了列奥纳多·达·芬奇。

◆桑德罗·波提切利

第10~14展室，展出的是乌菲兹美术馆中人气特别高的波提切利的作品。虽然有传言说波提切利是同性恋者，但是他也有婀娜女性绘画作品，精彩表达了他对女性美的向往。代表作《春》是受美第奇家族之托于1477年到第二年创作的。《维纳斯的诞生》也是一样，创作于1486年。这个时候的波提切利人生华丽而充实，是他的人生巅峰。晚年爱慕宗教

米开朗琪罗作品《圣家族》。此画是现存的板画中唯一一幅完成的作品

改革论者萨沃纳罗拉，认为自己过去的作品“过于华丽”予以全盘否定。晚年作品没有值得一看的，失意度日。

◆列奥纳多·达·芬奇

15展室是达·芬奇的展室。从他还在给韦罗基奥当学徒时画的《受胎告知》开始，就展露了非凡的技巧。从同样创作于初期的未完成的作品《东方三博士的礼拜》能看出来他在建筑、医学、航空力学等多个领域的造诣。

◆提香·韦切利奥

第28展室展出的是在安静的威尼斯派绘画里加入大胆动作的提香的作品。他的杰作《乌比诺的维纳斯》以温暖的黄金色为基调，运用了威尼斯派的鲜艳色彩。《福罗拉》也是他的代表作之一。

◆米开朗琪罗·博纳罗蒂

第35展室的招牌是米开朗琪罗的《圣家族》。描绘的是，约瑟夫将幼子耶稣放在玛利亚的肩膀上，玛利亚扭动身体看自己孩子脸的情景。连肌肉的动作都描绘得那么有生气，是文艺复兴全盛期的杰作。

◆瓦萨里走廊

瓦萨里走廊是科西莫一世委托建筑家瓦萨里建的他每天都要走的一条通道，从碧提宫到政府办公楼（现在的乌菲兹美术馆），约1km。里面展出有17世纪绘画和画家的自画像。不定期对外开放，事先预约的团队才可以参观。预约电话055-294883。

小知识

瓦萨里走廊曾作避难用

曾统治佛罗伦萨的美第奇家族的科西莫一世想建一条秘密通道，受到敌人侵略时逃脱用。那就是瓦萨里走廊。据说最初计划用走廊连接整个市内，但因为实在花费太高遭到周遭的反对，才把工程计划大幅缩小了。

为了能赶上1565年举行的科西莫一世儿子的婚礼，这条走廊只花了8个月就建成了。第二次世界大战时曾作为游击队的联络通道发挥作用。走廊壁上还展出了主馆展览不下的约700幅17世纪的绘画。

专业导游建议

提前预约无须排队的美术馆

经常要排队的人气美术馆提前预约入馆吧。在佛罗伦萨，乌菲兹、巴杰罗、学院、圣马可美术馆以及美第奇家族礼拜堂都接受预约（预约手续费€3~4）。最晚参观前一天拨打预约办公室电话055-294883，报上姓名、国籍、希望日期即可获得预约号（可通英语）。

需最晚提前10分钟前往预约者专用窗口（佛罗伦萨美术馆周二~周五8:15~16:45）取票。也可当天排队入馆参观，但是排队太浪费时间了。一定要选择提前预约。预售票在线也可预约（有英文版）。

文艺复兴美术作品大集成
乌菲兹美术馆

收藏有16世纪权力者美第奇家族的私人藏品约4800件，约2000件轮流对外开放。展室以三楼为主，二楼也有部分展室（西栋第46室至东栋第48室）。沉醉在文艺复兴巨匠波堤切利、拉斐尔、列奥纳多·达·芬奇、米开朗琪罗的杰作当中吧。

三楼第2~6室

3楼第3室

《受胎告知与圣人们》

展于法王尤利乌斯二世的书房兼图书室的签名间。是拉斐尔25岁时的作品。作品以文艺复兴艺术家为原型对古代有名的哲学家进行描绘。

［第2室］13世纪绘画和乔托的《宝座的圣母》、契马布埃的《庄严圣母》等。
［第3室］14世纪锡耶纳派绘画的展室。
［第8室］菲力波·利比的代表作《圣母子与天使》等。

波堤切利的画作——《春》

画作中间的人物是爱与美的化身——维纳斯。维纳斯的右边是西风神仄费洛斯，走上来缠住花神克罗里斯。左边的3位女神正在游园，她们分别象征了爱情、贞洁和美好。

3楼 第10~14室

波堤切利《维纳斯的诞生》

描绘女神维纳斯（阿佛洛狄忒）从海里浮水而出的大作。季节女神荷莱递给乘西风上岸的维纳斯用花覆盖着的衣服。

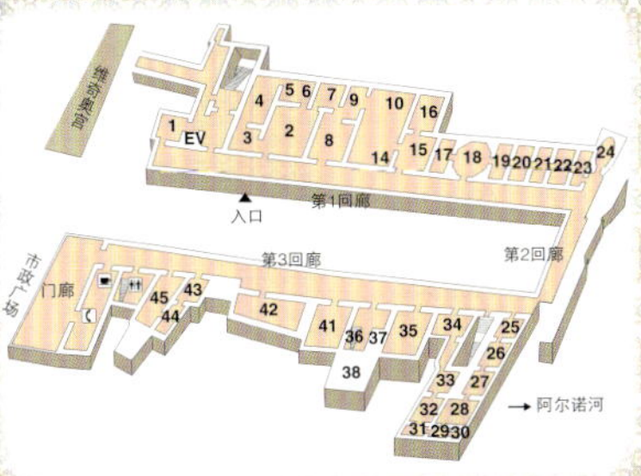

3楼第15室

[第15室] 达·芬奇的展室，有初期杰作《受胎告知》、未完成的大作《东方三博士的礼拜》等作品。
[第26室] 拉斐尔作品《带金莺的圣母》等。
[第35室] 米开朗琪罗唯一的版画《圣家族》。充满肌肉美的人体表现乃其特征。

达·芬奇《受胎告知》

《受胎告知》是意大利绘画中常见的一个主题，达·芬奇的这幅作品的特征是其采用远近法的真实表现。

专业导游建议

关注达·芬奇的处女作

让师傅韦罗基奥想放弃绘画事业的展现出达·芬奇才能的最初作品便是这幅《受胎告知》。宏大的情景让人感受到人们的生活，圣母和天使充满朝气的表情高贵而细腻。这幅画让世人认可了达·芬奇的才能。

3楼第26室

拉斐尔《带金莺的圣母》

描绘的是洗礼者约翰给幼子基督金翅雀的场面。

3楼第28室~2楼第84室

3楼第28室

提香《福罗拉》

创作于1515年左右。威尼斯派画家提香初期的代表作。

3楼第28室

提香《乌比诺的维纳斯》

为乌比诺公爵之子而作的女性肖像作品。

[第28室] 展出在安静的威尼斯派绘画中运用大胆动作的提香的代表作。
[第29室] 展出风格主义样式的代表性画家帕米贾尼诺等的作品。
[第81室] 卡拉瓦乔的《巴克斯》等。

3楼第35室

米开朗琪罗《圣家族》

佛罗伦萨现存的唯一一幅米开朗琪罗的绘画。创作于1506~1508年。

2楼东栋第81室

卡拉瓦乔《巴克斯》

主题是酒神巴克斯，也是他的自画像。

老桥
Ponte Vecchio

地图p.69-G ★★★

交 从领主广场步行5分钟

1345年架于阿尔诺河上的佛罗伦萨最古桥梁。两侧雕金工艺的珠宝店一家接一家，让来往的人们忘了那是一座桥。商店的二楼部分有连接乌菲兹美术馆与碧提宫的16世纪的回廊。老桥的中央附近立有贵金属工艺之父切利尼的像。从这附近看阿尔诺河非常美，到了傍晚非常浪漫。

成排的珠宝店，散散步也很有乐趣的老桥

维奇奥宫
Palazzo Vecchio

地图p.69-G ★★

✉ 领主广场前 营 9:00~19:00，周四是~14:00。4/1~9/30是~20:30。1/1、1/6、5/1、复活节、8/15、12/25不开放 € €10

这座94m高塔伸出的石制哥特式建筑，在14世纪初，曾是佛罗伦萨共和国的政府大楼。现在也有一部分作为市政府大楼使用。1555年至1577年，为了给科西莫一世居住用，宫殿内部进行了大改造，改成了复兴样式。上到二楼有共和国时代召开国民评议会的五百人广场，有金属装饰的格子天井中的绘画和壁画惹人注意。

壁画委托给了50多岁的列奥纳多·达·芬奇与不到30岁的米开朗琪罗，画

维奇奥宫与回廊的雕刻

到一半不知道什么原因就一直没再继续完成。列奥纳多的画是《安吉亚里战役》，米开朗琪罗的画是《卡西纳之战》。都是佛罗伦萨军胜利的场面，以佛罗伦萨礼赞为主题。据说科西莫一世改建时，很有可能那些未完成的画连墙壁一起都没了。

市政广场
Piazza della Signoria

地图p.69-G ★★★

交 从杜奥莫步行8分钟

维奇奥宫前的市政广场是共和国时代的政治中心地，也是15世纪修道士萨

小知识

德军也未能毁掉的老桥?

二战时修在阿尔诺河上的桥，除了最古老的老桥之外其他的全被炸掉了。为什么只有这座桥留下来了呢？这与德军的个人情感有关系。士兵中很多人当时新婚旅行到过佛罗伦萨。据说他们回想起在老桥约会的情景，就怎么也下不了手毁坏这座桥。

领主广场的回廊佣兵凉廊

沃纳罗拉将美术品作为奢侈品集中到这个广场，进行“虚荣的焚烧”的场所。不久后，萨沃纳罗拉支持共和制与教皇派发生冲突，1948年被处以火刑也是在这里。

面对着广场有14世纪建造的回廊佣兵凉廊。这里是共和国时代的集会场所。宽阔的弓形开口处有雕像。回廊的热闹氛围与压抑的维奇奥宫形成鲜明的对比。回廊一端有本韦努托·切利尼的青铜像《珀尔修斯》，表现的是左手提着希腊神话中出现的怪物美杜莎的头颅的英姿。另一端有詹博洛尼亚的作品《抢劫萨宾妇女》。

圣十字教堂
Chiesa di Santa Croce

＊＊

地图p.69-H

交 从领主广场步行10分钟　营 9:30~17:00，周日和节假日是14:00~17:00。1/1、复活节、6/13、10/4、12/25、12/26不开放　€ €6

天主教的最大会派弗朗西斯派的教堂。这里有米开朗琪罗、伽利略·伽利莱、作曲家罗西尼、思想家马基雅维利等文艺复兴时期天才们的墓地。该建筑物从1294年开始设计，花费90年完成。是意大利哥特式代表建筑，天顶用轻质木材组建，成功将主殿面积扩大。乔托的湿壁画《圣弗朗西斯的一生》、多纳泰罗的《受胎告知》等有名画家的美术作品有很多。

米开朗琪罗也长眠于此的哥特式教堂建筑杰作

摄影最佳角度

想把老桥拍漂亮的话

推荐在老桥以北的圣三一桥或乌菲兹美术馆二楼拍摄。乌菲兹美术馆内禁止拍照，可以从玻璃窗往外拍。

巴杰罗美术馆
Museo Nazionale del Bargello

＊

地图p.69-G

交 从领主广场步行3分钟
营 8:15~13:50 第1、3、5个周日，第2、4个周一，1/1、5/1、12/25不开放　€ €6

19世纪中叶之前作为警察署和牢狱使用，展出着多纳泰罗的最佳杰作《圣乔治》、米开朗琪罗作品《巴克斯》等文艺复兴时期的优秀雕刻作品。

帕奇家族小礼拜堂
Cappella dei Pazzi

＊＊

地图p.69-H

交 从领主广场步行10分钟　营 9:30~17:30，周日、节假日是14:00~17:00。1/1、复活节、10/4、12/25、12/26不开放　€ €6

设计杜奥莫中央穹顶的布鲁内列斯基的初期文艺复兴建筑杰作。正面有6根科林斯式列柱廊，以古典均衡美为特征。

位于圣十字教堂回廊内

杜奥莫周边
Duomo

是文艺复兴艺术装饰的佛罗伦萨最繁华的场所。文艺复兴遗产数不胜数。是世界史无前例的艺术之都。

杜奥莫
Duomo(Basilica di Santa Maria del Fiore) ★★★

地图p.69-C

交 从Santa Maria Novella站步行10分钟
杜奥莫 / 营 10:00~17:00，5·10月的周四是~16:00，1~4·8·9·11·12月的周四是~16:30，周六是~16:45，节假日会有变动。1/1、1/6、复活节不开放
中央穹顶 / 营 8:30~18:20，周六是~17:00，周日、节假日不开放 € 中央穹顶€8，通票€10

杜奥莫的正式名称是“圣母百花大教堂”。有着“花的圣母教堂”之称的这个教堂，几个世纪以来一直守护着这座城市。

13世纪末在建筑家坎比奥的主持下开工，耗费了112年完工。初期文艺复兴的代表建筑家布鲁内列斯基设计的高106m的中央穹顶（圆顶）的完成是1436年的事。

杜奥莫的外壁由白色、粉色、深绿色的大理石铺成几何图形，与红褐色的中央穹顶形成鲜明对比。中央穹顶内的天顶上有以《最后的审判》为名称的湿壁画。楼梯往上能通到屋顶，可以将佛罗伦萨尽收眼底。

象征“花之都”的美丽的杜奥莫

圣乔凡尼礼拜堂
Battistero di San Giovanni ★★★

地图p.71-C

✉ 杜奥莫前 营 11:15~18:30，周日、节假日和第1个周六是8:30~13:30，节假日会有变动。1/1、复活节、12/25不开放 € 通票€10

为奉献给城市的守护圣人圣乔凡尼于11世纪中叶建成。据说中世的时候但丁也在这里接受过洗礼。这是一座罗马样式的教堂建筑，北、东、南三个方向的青铜门上有以旧约圣经为主题的浮雕。有吉贝尔蒂作品的东门被米开朗琪罗赞为“天国之门”。

真正的门在巴杰罗美术馆

小知识

杜奥莫的建筑是拜失意所赐？

1401年装饰洗礼堂之门的青铜装饰竞标。进入最终选拔的是年轻的金银工艺师洛伦佐·吉贝尔蒂和菲利波·布鲁内列斯基。吉贝尔蒂做工精细，而布鲁内列斯基属于戏剧性风格，令审查委员会难分伯仲，于是提议二人共同制作，但是布鲁内列斯基拒绝了，最终由吉贝尔蒂来制作。据说竞标失败的布鲁内列斯基在那之后，与好友多纳泰罗踏上失意之旅前往罗马，看过很多古代遗址和建筑后决心改行做建筑家。

乔托钟楼
Campanile di Giotto

地图p.71-C

杜奥莫旁 营8:30~18:50，1/6是~13:20，1/1、复活节、12/25不开放 € 通票€10

耸立于杜奥莫南侧的高84m的哥特式钟楼。由画家·建筑家乔托设计。1334年开始动工，他去世后他的弟子皮萨诺和塔伦蒂接手于1359年完工。

用镶嵌手法装饰的基底部分是乔托构思的，用了56块浮雕和雕刻来装饰。外壁的装饰是复制品，原作收藏于杜奥莫美术馆。登上414级台阶来到最上层的露台，杜奥莫的威严和有魄力的中央穹顶就在眼前。

从钟楼的顶上看杜奥莫的屋顶就在眼前

小知识
未能实现的天才二人对决

终于迎来了达·芬奇与米开朗琪罗对决的时刻。维奇奥宫宽阔空间的壁画委托给了两人，但是直接对决并未成真。达·芬奇描绘的画稿被暴风破坏，再画的时候绘画颜料又干不了，最终他放弃了。得知达·芬奇放弃后，米开朗琪罗也放弃了。现在的画是后来其他人画上去的。但是有画家临摹达·芬奇的底稿，那就是当时到佛罗伦萨旅行的比利时的巨匠鲁本斯。据说他在意大利的经验之后也有很大的影响。

美第奇家族礼拜堂
Cappelle Medicee

地图p.71-C

交 从Santa Maria Novella站步行8分钟
营 8:15~13:50，有特别展出的时候是~16:50 。第2·4个周日、第1·3·5个周一、1/1、5/1、12/25不开放 € €6

与美第奇家族有关的圣·洛伦佐教堂的礼拜堂。高28m的八角形的圆顶下面是科西莫一世、费迪南德一世等托斯卡纳大公国君主的石棺。内壁用从全世界收集而来的数百种色泽鲜艳的大理石装饰而成。米开朗琪罗设计的新圣具室内有朱利亚诺和洛伦佐·迪·皮耶罗的灵庙，都用米开朗琪罗的雕刻装饰着。

彩色大理石装饰的君主礼拜堂

新圣母玛利亚教堂
Chiesa di Santa Maria Novella

地图p.68-B

交 从Santa Maria Novella站步行2分钟
营 9:00~17:30，节假日是13:00~17:00，周五是11:00~17:30
1/1、复活节、8/15、12/25不开放 € €5

多梅尼哥派教堂，佛罗伦萨哥特建筑的代表级建筑。正面下部是使用14世纪彩色大理石的罗马样式，上部是哥特样式。长100m的建筑物内部用彩绘玻璃装饰，画作有马萨乔的《三位一体》、基尔兰达约的《玛利亚与圣约翰的一生》等。

圣马可美术馆
Museo di San Marco

地图p.69-C ★★★

交 从杜奥莫步行10分钟
营 8:15~13:50，周六、周日是~16:50（闭馆30分钟前入馆截止）。第1·3·5周日、第2·4个周一、1/1、5/1、12/25不开放 € €4

原本是12世纪修建的修道院，15世纪科西·德·美第奇拼命改造成了多梅尼哥派的修道院。内部有弗拉·安吉利科与弟子们亲手绘制的湿壁画。

出生于佛罗伦萨郊外费埃索莱的弗拉·安吉利科成为戒律森严的多梅尼哥会的修道士，1438年左右开始在这家修道院的修道士房画画。运用独特的鲜艳色彩的宗教画，神秘而典雅。如果画天使的话没人能及他，他的画备受人们赞赏。玛利亚与天使以崇高之美相对的安吉利科最佳杰作《受胎告知》，在通往二楼楼梯的正对面。

走廊两侧简单而狭窄的修道士房墙壁上也有用修道士们的湿壁画和板画来装饰。从修道士房能感受到修道士的禁欲生活。

安吉利科的杰作《受胎告知》

学院美术馆
Galleria dell'Accademia

地图p.69-C ★★★

交 从圣马可广场步行2分钟 营 8:15~18:50（入馆是~18:20，关于预约请参照p73）周一、1/1、5/1、12/25不开放 € €6.50

因米开朗琪罗的最佳杰作《拉维德》而有名。原本这家美术馆是文艺复兴时期建筑家瓦萨里于1563年设立的用来学习素描的学院。第一代院长由美第奇家族的科西莫一世担任。美第奇家族灭亡后，接任的洛林家族捐赠了很多美术品，以此为契机慢慢强化了其作为教育机构的作用。1873年，领主广场的《拉维德》转移到这里之后，这里成为世界级重要的美术馆。

《帕莱斯特里那的圣母怜子图》

《拉维德》是米开朗琪罗1501年开始创作并于3年后公开的雕刻大作。全身长度超过4m，仿佛在传递拉维德勇于作战的隐秘力量。《长胡子的奴隶》等4尊奴隶像、《帕莱斯特里那的圣母怜子图》等以及米开朗琪罗未完成的雕刻作品也有展出。

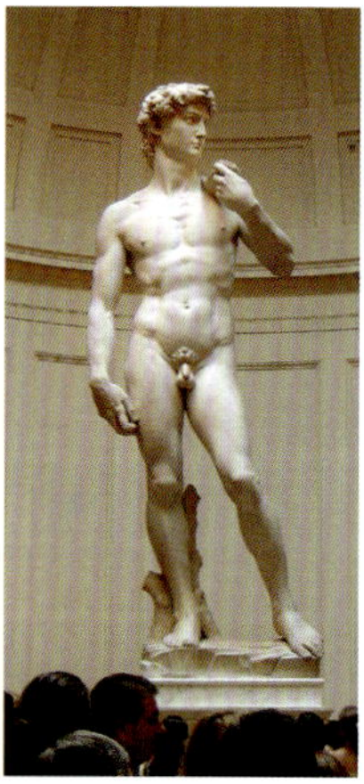
米开朗琪罗的名作《拉维德》

小知识

《蒙娜丽莎》与《拉维德》像的关系

列奥纳多·达·芬奇与米开朗琪罗是文艺复兴时期的对手。达·芬奇在《拉维德》的创作阶段批判其缺乏美感。但是完成之后的雕像得到了绝赞，于是达·芬奇也奋起创作了大作《蒙娜丽莎》。也许正是因为有对手的存在才将个人的才能发挥到了极致。

阿尔诺河左岸
Riva Sinistra d'Arno

过了老桥，有仅次于乌菲兹美术馆的拥有绘画收藏品的碧提宫。这一带有很多手工艺人的店铺和旧美术店，散散步也很不错。

碧提宫
Palazzo Pitti

地图p.68-J

交 从领主广场步行10分钟 € €11.50

1457年，佛罗伦萨的银行家卢卡·碧提委托建筑家布鲁内列斯基建造的文艺复兴样式的宫殿。碧提死后，宫殿建设中断了，约100年后，美第奇家族接手后建设重新开始。完工后作为美第奇家族的宅邸使用。

美第奇家族收集的美术品是收藏品的核心，宫殿内以帕拉提那美术馆为首，有银器美术馆、近代美术馆、陶器博物馆等7座美术馆、博物馆。

威严而有厚重感的碧提宫建筑

帕拉提那美术馆
Galleria Palatina

地图p.68-J

交 碧提宫内。从领主广场步行10分钟
营 8:15~ 18:50（入馆是~18:05）。周一、1/1、5/1、12/25不开放 € €8.50

位于碧提宫二楼的绘画馆。展出着美第奇家族代代主人收藏的名画。以16·17世纪的文艺复兴时期到巴洛克时期的作品为主，其中拉斐尔、提香、卡拉瓦乔的绘画不容错过。

文艺复兴时期绘制的圣母图当中，拉斐尔的《椅中圣母》可以说是至高杰作。此外，拉斐尔的作品《大公圣母》《孕妇肖像》《戴面纱的女人》，提香的作品《美丽的女人》《某个贵人的肖像》《抹大拉的玛利亚》等都是不容错过的作品。豪华的室内装饰也夺人眼球。

拉斐尔的《大公圣母》。在修复的过程中发现背景中原本有窗户。内部装饰也很豪华

近代美术馆
Galleria d'Arte Moderna

地图p.68-J

交 碧提宫内。从领主广场步行10分钟
营 8:15~18:50（入馆18:05截止）。周一、1/1、5/1、12/25不开放 € €8.50

位于碧提宫3楼的近代美术馆，展出着18世纪后半叶到20世纪前半叶托斯卡纳地区的绘画。以明亮而朴素的画风为特征的佛罗伦萨印象主义的代表画家法托里、博蒂尼、雷加、西格诺里尼等的作品值得一看。

波波利庭园
Giardino di Boboli

地图p.68-J

交 从领主广场步行12分钟 营 6~8月是8:15~19:30，4・5・9・10月是~18:30，3月是~17:30，11~次年2月是~16:30。第1个和最后一个周一、1/1、5/1、12/25不开放 € €7

配有喷泉和雕刻的意大利式庭园。位于碧提宫正后方的这座庭园，是美第奇家族科西莫一世为了妻子埃利奥诺拉的健康而建造的。小山丘庭园内，以数百处雕刻、圆形剧场、尼普顿喷泉为首的大大小小的喷泉、洞窟、池塘美丽呈现。

园区最里面有贝尔维德勒要塞，但是如果不回到公园入口是无法进入的。

面积达4.5万平方米的波波利庭园

米开朗琪罗广场
Piazzale Michelangelo

地图p.69-L

交 从Piazza Guseppe Poggi（米开朗琪罗广场下的阿尔诺河畔）步行15分钟

小山丘上视野辽阔的广场。可将阿尔诺河对岸的街景尽收眼底，是拍摄纪念照片的好去处。广场1869年由朱塞佩・波吉主持设计，广场中央有米开朗琪罗作品《拉维德》像的复制品。

最佳摄影角度

以佛罗伦萨为背景拍照

隔着阿尔诺河的山丘上的米开朗琪罗是俯瞰城市的绝佳展望台。将手臂撑在靠近阿尔诺河的城墙上来一张，效果绝对差不了。

小知识

美第奇家族与文艺复兴

14世纪，佛罗伦萨那些有商业头脑的商人们，研究出支票、信用票据等现代经营的基本方式，成为欧洲经济的牵引力。地方出身的银行家美第奇家族也在这个时代的初期获得了社会地位，奠定了财力基础。

1428年，已经年过40的科西莫・德・美第奇继承了父亲巨额的财产，成为了托斯卡纳最大的资本家。科西莫的出现，使佛罗伦萨的文艺复兴文化和艺术开出灿烂的花朵。科西莫奖励文化的传统，他的儿子彼得、孙子洛伦佐都传承下来了，在那约60年的时间里，文艺复兴迎来了全盛时期。

美第奇家族曾协助多纳泰罗、吉贝尔蒂等雕刻家，弗拉・安吉利科、波堤切利、拉斐尔等画家，布鲁内列斯基等建筑家以及载入史册的巨匠们的艺术创作。但是，以其卓越的政治能力将家族团结如一的洛伦佐1492年去世，美第奇家族经济开始出现不稳定，多数文化人也因此离开了佛罗伦萨，很快就失去了向心力。

佛罗伦萨导航NAVI

所需时间 2~4小时

平民区散步&费埃索莱小镇观光

从位于碧提宫对面的圣灵教堂到圣玛利亚·德·卡尔米内教堂，是皮革制品作坊、金银工艺品作坊、画框作坊等小工坊遗留的平民历史区域，在这里能找到手工艺人手工制作的产品。另外，阿尔诺河附近的圣十字教堂一带也是充满生气的平民区域，老字号食堂和甜点店很多，闲逛也不错的，如有半天的空闲时间推荐来这里。

距离佛罗伦萨8km的高地上的小镇费埃索莱作为能俯瞰佛罗伦萨的展望台，值得推荐。从圣马可广场乘坐去费埃索莱的7路市内巴士，约20分钟即可到达。在终点站米诺·达·费埃索莱广场下车后，首先前往罗马剧场遗址。遗址上有古代的圆形剧场，夏天还会有野外公演。遗址区内有展出伊特鲁里亚时代出土文物的市立博物馆。市立博物馆旁边的班迪尼美术馆有文艺复兴时期美术品的展出。在这里欣赏过名作之后，上长坡去圣弗朗西斯科修道院。坡上有展望台，从这里看到的风景也是绝美的。

费埃索莱的罗马剧场遗址

从佛罗伦萨出发有当日往返的托斯卡纳各地巴士团队游，人气很高。

佛罗伦萨出发的自选汉语团队游

去往当天可以往返的人气城市比萨、锡耶纳、圣吉米尼亚诺，可以选择当地的汉语或者英语团队游。去往郊外奥特莱斯的团队游也很有人气。

团队游名称	出发时间·所需时间	内容	费用	咨询方式
佛罗伦萨市内半日游（步行）	出发：9:00 所需时间：约3个小时 出团：每天（1/1、复活节、3/31、12/25除外）	步行参观杜奥莫、洗礼堂、乔托钟楼、帕拉蒂那美术馆等主要景点	€45	M
圣吉米尼亚诺、锡耶纳、蒙特里久尼、品尝红酒一日游	出发：8:45 所需时间：约11个小时 出团：每天	从圣吉米尼亚诺出发，前往蒙特里久尼、锡耶纳参观，在葡萄酒厂品尝红酒	€115	M
比萨斜塔上午·下午半日游	出发：9:00（上午观光），14:00（下午观光） 所需时间：约5个小时 出团：每天	进杜奥莫参观内部，参观斜塔（不进入斜塔）	€65	M
佛罗伦萨夜景和晚餐（晚餐·含饮料）	出发：19:30 所需时间：约3个小时 出团：每天（1/1、12/25、12/26、12/31除外）	在米开朗琪罗广场边欣赏夜景边品尝托斯卡纳料理	€95	M
奥特莱斯专车游 Prada/The Mall及其他	出发：9:30 所需时间：约7个小时 出团：每天	乘专车逛Prada、The Mall、Dolce & Gabbana	¥2500	W

咨询方式 M：mybusitaly公司：☎06-4827150（罗马）
W：world air service：☎03-3400-3384（10:00~19:00）http://www.tutta-italia.com/

意大利料理 · 高级

Cibreo

Cibreo

地图p.69-H 英 预

交 从Duomo打车5分钟
✉ Via A. del Verrocchio, 8r ☎ 055-2341100
营 12:50~14:30、18:50~23:15 休 周一、8月
€ €80~

将托斯卡纳料理做成现代风格

身为主厨的法比奥 · 皮基氏在传统托斯卡纳料理的基础上改良出来的新感觉的料理，有固定的粉丝。在意大利也是屈指可数的名店。菜单有使用当地食材制作的鸡肉丸子、炖牛肉、煮墨鱼等。

绝品炖鱼。摆盘很有食欲

意大利料理 · 高级

Sabatini

Sabatini

地图p.70-B 英 英 预

交 从Santa Maria Novella站步行3分钟
✉ Via de Panzani,9a ☎ 055-211559
营 12:30~14:30、19:30~22:30 休 周一 € €60~

擅长正宗的托斯卡纳料理

让人感受到传统托斯卡纳料理真髓的名店。将各个季节的食材烹饪成高级料理。烩牛膝、自制番茄金枪鱼意面、松软的宽面，样样都是讲究的味道。

宽敞的店内可以看见爬山虎装饰的小院

意大利料理 · 高级

Gargani

Gargani

地图p.70-E 英 英 预

交 从Santa Maria Novella站步行7分钟
✉ Via del Moro, 50-52r ☎ 055-2398898
营 19:30~22:30 休 周一 € €40~

代表佛罗伦萨的店铺

因使用当季食材、接单后快速烹饪的"意式浓缩咖啡"料理法而有名。烤羊肉、柑橘系奶油意面乃绝品。

味道浓厚的风干鱼子意面

意大利料理 · 高级

Pandemonio

Pandemonio

地图p.68-E 英 英 预

交 从Santa Maria Novella站步行15分钟
✉ Via del Leone, 50r ☎ 055-224002
营 12:30~14:00、19:30~22:30 休 周日、节假日、1/1、复活节、8/15前后的3天 € €40~

应季菜单乃魅力所在

菜单几乎每日一换。风干鱼子意面、番茄煮鱼贝、西葫芦花和鸡肉天妇罗很美味。

番茄煮鱼贝

意大利料理 · 高级

Oliviero

Oliviero

地图p.70-F 英 英 预

交 从Santa Maria Novella站步行10分钟
✉ Via delle Terme, 51r ☎ 055-287643
营 19:00~23:00 休 周日、8月休息三周 € €50~

当地美食家打包票的店铺

将鱼肉糜意面、朝鲜蓟肉排等传统料理做得相当有品位。

洁白的鱼肉意面

意大利料理 · 中级

Trattoria Mario

Trattoria Mario

地图p.69-C 英 英

交 从杜奥莫步行5分钟 ✉ Via Rosina, 2r Angolo Piazza del Mervato Centrale ☎ 055-218550 营 12:00~15:30 休 周日、节假日 € €15~

1953年创立的家庭式餐馆

位于中央市场旁边的人气餐馆。店面小，拼桌是理所当然的。虽然很挤，但是有很多粉丝觉得吃佛罗伦萨牛排（€35）就得来这家店，午饭时间经常要排队。番茄味的面包粥“番茄面包糊糊汤”、牛排薄片、番茄煮肉丸等地方料理也深受好评。

炭烤佛罗伦萨牛排

意大利料理 · 中级

Trattoria Gabriello

Trattoria Gabriello

地图p.71-G 英 英 预

交 从领主广场步行5分钟
✉ Via Condotta, 54r ☎ 055-212098
营 12:00~15:30、19:00~22:30
休 无休 € €30~

使用新鲜食材的当地人气餐馆

在萨尔迪尼亚出生的主厨制作的南意大利料理获得好评。烤茄子、番茄€10。牛排薄片€18，越嚼肉越有味。在那不勒斯出生的姐妹老板热情待客，让人心情愉悦。

薄牛排片

意大利料理 · 中级

Ristrante del Fagioli

Ristrante del Fagioli

地图p.71-L 英 预

交 从圣十字教堂步行3分钟
✉ Corso dei Tintori, 47/r ☎ 055-244285
营 12:30~14:30、19:30~22:30
休 周六、周日 € €25~

轻松品味托斯卡纳料理

推荐水煮肉配青酱、番茄面包粥糊糊、炖豆子等。

番茄酱炖香草味肉丸子等炖煮类的料理是这家店的特长

意大利料理 · 中级

Trattoria del 13 Gobbi

Trattoria dei 13 Gobbi

地图p.70-E 英 英 预

交 从Santa Maria Novella站步行7分钟
✉ Via del Porcellana, 9r ☎ 055-284015
营 12:00~14:15、19:30~23:00
休 无休 € €40~

纯正的托斯卡纳味道

搭配肉和菌类的手打粗面，浓浓的肉汁，多汁美味。秋天的话来一份香喷喷的牛肝菌意面也不错，新鲜菌类耐人寻味。佛罗伦萨的名吃佛罗伦萨牛排在这里只需€20就能吃到。

有爬山虎的地方也有席位。适合秋季的牛肝菌粗面（右）

意大利料理·中级

Trattoria Cibrèo

Trattoria Cibrèo

地图p.69-H 英 英

交 从杜奥莫打车5分钟 ✉ Via de' Macci, 122r ☎ 055-2341100 营 12:50~14:30、18:50~23:15 休 周一、8月 € €40~

可以尝到名店Cibrèo的味道

意大利屈指可数的高级餐厅Cibrèo的味道，只需一半的钱就能在这里品尝到。入口处跟Cibrèo不一样。在与Cibrèo一样的厨房用一样的食材制作的料理，跟总店的味道几乎一样，仅仅摆盘和服务不一样。菜单有Cibrèo名品番茄果冻、炖牛脸肉、里科塔芝士鸡肉丸子、野味、蜂窝牛肚等。

店内也是休闲风格

意大利料理·中级

Il Latini

Il Latini

地图p.70-E 英 预

交 从Santa Maria Novella站步行8分钟
✉ Via dei Palchetti, 6r ☎ 055-210916
营 12:30~14:30、19:30~22:30
休 周一、12/25~次年1/1、8月休息两周 € €45~

轻松品尝托斯卡纳料理

炭烤托斯卡纳牛排（1kg€45）、烤野味是这家店的名品，表面颜色恰到好处，里面肉汁饱满，一个人吃不完的分量，两三个人分着吃就好。前菜、意面等价格实惠的料理也有很多。

香喷喷的烤兔

意大利料理·中级

Hosteria da Ganino

Hosteria da Ganino

地图p.71-G 英 英 预

交 从领主广场步行3分钟
✉ Piazza dei Cimatori,1,2,4R
☎ 055-214125 营 12:00~15:30、19:00~23:30 休 周日下午 € €30~

用当季食材制作的托斯卡纳料理

肉汁烩饭、肉丸、手工制作的意大利方饺等托斯卡纳家常料理是这家店的特长。

菜品分量十足

酒吧·餐馆

Mangia Foco

Mangia Foco

地图p.70-J 英 英 预

交 从老桥步行3分钟
✉ Borgo SS. Apostoli, 26r ☎ 055-2658170
营 11:00~23:00 休 周日 € €20~

芝士和火腿多用的红酒吧

这家店在红酒的选择上下了不少功夫，配红酒的萨拉米、生火腿、芝士拼盘（€16）都是经过精心挑选的。傍晚的时候来吃很划算。

店里也有餐厅

咖啡店

Caffe Giacosa

Caffe Giacosa

地图p.70-F 英

交 斯特罗齐宫内
✉ Piazza Strozzi ☎ 055-2302913
开 8:30~20:00、周四~23:00
休 无休

藏于斯特罗齐宫的咖啡店

面对着宫殿中庭的艺术性咖啡店。前台对面的右侧是自助服务。还有午饭供应。

逛街累了可以来这里休息

咖啡店

Rivoire

Rivoire

地图p.71-K 英 英

交 从杜奥莫步行6分钟 ✉ Piazza della Signoria Angolo Via Vaccherecia, 4R ☎ 055-214412 营 7:30~0:00a.m.（冬季营业到~21:00）休 周一 € €25~（吃饭）、€4.50~（咖啡店）

1862年创业的老字号咖啡店

面对领主广场，位置最佳。三明治、帕尼尼食材好、味道佳。可以在露台席边看广场边休息。

喝着咖啡看着外面

咖啡店

Scudieri

Scudieri

地图p.71-C 英 英

交 从杜奥莫步行1分钟
✉ Piazza di S.Giovanni, 19
☎ 055-210733 营 7:00~23:00（冬季会有变动）休 无休 € €1~

杜奥莫前的高级酒吧

位于洗礼堂前面的1939年创立的酒吧。最初是做点心起家的，所以果子挞和蛋糕也很美味。适合下午茶时间去。

天顶很高，让人心情平静

咖啡店

Gulli

Gulli

地图p.71-G 英 英

交 从杜奥莫步行6分钟 ✉ Via Roma, 1r ☎ 055-213896 营 7:30~1:00a.m. 休 无休 € €60~（吃饭）、€5~（咖啡店）

奢华格调的咖啡店

创立于1733年。在这家英式自由风格的店里喝上一杯茶吧。

店里布置高档

酒吧

Cantinetta Antinori

Cantinetta Antinori

地图p.70-B 英 英 预

交 从Santa Maria Novella站步行7分钟
✉ Piazza Antinori, 3 ☎ 055-292234 营 12:30~14:30、19:00~22:30 休 周六、周日、复活节、8月的第三周~月末、12/24~12/26 € €60~

托斯卡纳名酒厂直营的酒吧

1385年开始酿造红酒的安蒂诺里家族经营的红酒吧。有名的红酒也可以一杯杯单点。

酒吧

Le Volpi e L' uva

Le Volpi e L'uva

地图p.70-J 英 预

交 从领主广场步行7分钟
✉ Piazza de'Rossi, 1r ☎ 055-2398132
营 11:00~21:00 休 周日
€ €10~

能遇见少量生产的优质红酒

工作人员会悉心介绍在小酒窖里精心酿造的红酒。一杯€3.50起，可以试喝。萨拉米、芝士也很美味。

放松心情去品尝上等红酒和下酒菜吧

酒吧

Cantinetta dei Verrazzano

Cantinetta dei Verrazzano

地图p.71-G 英

交 从杜奥莫步行8分钟 ✉ Via dei Tavolini, 18 20r ☎ 055-268590 营 8:00~21:00、周日10:00~16:30、7·8月~16:00 休 7、8月的周日 € €20~

由基安蒂葡萄酒的官商经营

位于托斯卡纳红酒产地格雷夫·因·基安蒂的酿酒厂Verrazzano的直营酒吧。

蒸馏酒格拉帕也是这家擅长的

皮革小件

Madva
Madva

地图p.70-J

交 从领主广场步行5分钟
☒ Via Guicciardini,1r ☎ 055-2396526
营 9:30~19:30 休 周日、节假日

质量好、种类丰富的皮革手套

上等皮革手套的专卖店。1919年创立，现在是第三代的唐尼尼氏接管。使用严格挑选的羊皮，面革颜色40种，绒面革颜色30种，尺寸也很全。内衬有冬天用的开司米、全年用的丝绸质地的。

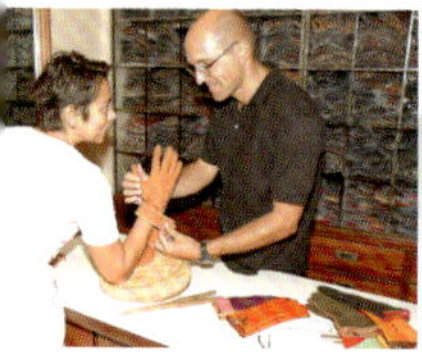

手套售价€30~

鞋子

Mannina
Mannina

地图p.70-J

交 从领主广场步行5分钟
☒ Via de' Guicciardini, 16r ☎ 055-282895
营 9:00~20:00 休 无休

可靠技术生产的一生可用的鞋子

熟练工匠亲手制作定制鞋垫。只使用上等的熟皮，做好的鞋子很软、很合脚。一双€350起，很高级，但是质量绝对上乘。也有现货，价格€100左右起。如果现货有合适大小的，价格会很划算。

经过精心磨砺出来的定制品闪闪发光

皮革小件

Cellerini
Cellerini

地图p.70-F

交 从共和国广场步行7分钟 ☒ Via del Sole,37r
☎ 055-282533 营 10:00~13:00、15:00~19:00、7月的周六营业到13:00、9~次年6月的周一15:00开始营业~ 休 周日、8月、周六下午

技术精湛的皮革工匠制作的包包和小件

1956年创立的皮革制品店。产品全部都是自家制作。有现货，也可以定做。定做时间的话记事本、钱包约1个月，包约3个月。

皮革小件

Taddei
Taddei

地图p.71-H

交 从领主广场步行5分钟
☒ Via S.Margherita,11 ☎ 055-2398960
营 8:15~19:30、周日11:00~19:00
休 年末年初、一部分节假日

1937年创立的皮革工坊

祖孙三代传承下来的传统熟皮技法皮革工坊。精心磨制的零钱包约€34，有着宝石般的光泽。

超市

Pegna
Pegna

地图p.71-H

交 从杜奥莫步行5分钟 ☒ Via dello Studio, 26r ☎ 055-282701 营 9:30~19:30、周日11:00~19:00 休 年末年初、一部分节假日

1860年创立的高级超市

优质生火腿、芝士、副食很有人气。来自全国各地的名产点心、300多种红酒、意面酱等瓶装食品也很受欢迎。

独创的瓶装食品种类丰富

天然化妆品

Officina de' Tornabuoni

Officina de' Tornabuoni

地图p.70-E

交 从Santa Maria Novella站步行8分钟

✉ Via del Parione, 52r ☎ 055-268010

营 10:00~19:00 休 周日

使用天然原料的传统基础化妆品

1843年创立的天然化妆品老店。玫瑰和木瓜香味的身体摩丝€35起，让人不禁想赶紧入浴。起香薰作用的身体油（€24~）等全身用产品，起保湿、抗衰老作用的乳液、美容液等脸部产品很齐全。

乳液€25，眼睛周围的保湿霜€36

化妆品・浴室用品

Spezeirie-Erboristerie "Palazzo Vecchio"

Spezeirie-Erboristerie "Palazzo Vecchio"

地图p.71-K

交 从领主广场步行1分钟 ✉ Via Vacchereccia, 9r ☎ 055-2396055 营 10:00~19:30、周日14:30开始营业 休 1/1、复活节、5/1、12/25、12/26以及1、2、7、8、11月的周日

使用传统药草的基础化妆品

意大利有使用传统药草制作天然化妆品的传统。这里是美第奇家族的香草药房。从香水到护肤品，都是严格按照当时的配方制作的。淡淡微香的低刺激性洗发水、护肤品敏感肌肤也可以用哦。还有"西西里岛的柠檬"等意大利风格的精油。

洗发水约€7。还有婴儿用品

化妆品

Officina Profumo-Farmaceutia di S.M.N.

Officina Profumo-Farmaceutica di S.M.N.

地图p.70-A

交 从Santa Maria Novella站步行7分钟

✉ Via della Scala, 16 ☎ 055-216276

营 9:00~20:00 休 复活节、12/25、12/26

世界上最古老的药房制作的芳香艺术品

中世纪的时候，新圣母玛利亚教堂的修道士种植药草制作药剂。用当时方法制作的护肤品在世界范围都是受欢迎的。肥皂、护肤品、护发品等产品种类众多。

食品

La Bottega dell' Olio

La Bottega dell'Olio

地图p.70-F

交 从杜奥莫步行10分钟 ✉ Piazza di Limbo, 2r ☎ 055-2670468 营 10:00~13:00、14:00~18:30、周一14:00~18:30

休 周日、周一上午

精心挑选的优质橄榄油

托斯卡纳产的顶级橄榄油、含橄榄油的化妆品、橄榄木制作的砧板（€10起），店里清一色与橄榄相关的产品。

瓶装500ml售价€15.50

蕾丝

TAF

TAF

地图p.71-K

交 从领主广场步行2分钟 ✉ Via Porta Santa Maria, 17r ☎ 055-2396037 营 10:00~19:30，周日・节假日11:00~14:00、15:00~19:00

休 1/1、12/24、12/25

亚麻&蕾丝专卖店

佛罗伦萨有很多优质的亚麻、蕾丝店，这家尤其有名。手帕约€27起。

文房用具

Giulio Giannini e Figlio

Giulio Giannini e Figlio

地图p.68–F

交 碧提广场前 ✉ Piazza Pitti,37r
☎ 055–212621 营 10:00~19:30、周日
11:00~19:00 休 1/1、12/25、12/26

传统工艺制作的大理石纸

用传统工艺生产的大理石纸制作的笔记本、小盒、相框等的专卖店。这家店是这类产品佛罗伦萨最古老的店。

红酒

Galleria del Chianti

Galleria del Chianti

地图p.71–G

交 从领主广场步行3分钟
✉ Via del Corso, 41r ☎ 055–291440
营 10:00~20:00 休 无休

基安蒂葡萄酒的产品很多

位于佛罗伦萨郊外的红酒之乡基安蒂。人气红酒这里有很多。还可以发往国内。

罕见的红酒这里也有

奥特莱斯

The Mall

The Mall

地图p.68–I

交 车站西侧的SITA巴士总站每隔一小时有一班直达车，往返€10。也有直营摆渡车服务，3个小时的购物时间，往返€30
✉ Via Europa, 8 Leccio Reggello, Firenze
☎ 055–8657775
营 10:00~19:00、6~8月~20:00
休 1/1、复活节、12/25、12/26

人气品牌汇聚

Gucci、TOD'S、Bottega Veneta等品牌直营店聚集的最大型奥特莱斯。还配有餐馆。

占地很大。要缩小目标

奥特莱斯

Designer Outolet Barberino

Designer Outolet Barberino

地图p.68–I

交 SITA巴士总站有直达车，往返€9。还有接送车辆，10:00、12:00、14:30、16:30从佛罗伦萨发车，返程车辆11:00、13:30、15:30、19:00从当地发车
€ 往返€15。预约请拨打 ☎ 055–842161
✉ Via Meuccisnc Barberino di Mugello
营 10:00~20:00，周六、周日营业到21:00
休 1/1、复活节、12/25、12/26

从高级店到休闲品牌都有

离佛罗伦萨约30km、40分钟车程的人气奥特莱斯。有90多个名牌，还有意大利人气休闲品牌。

Pollini等高级品牌也有的店

奥特莱斯

Prada（I Pelletteri d' Italia）

Prada(I Pelletteri d' Italia)

地图p.68–I

交 从佛罗伦萨的Santa Maria Novella站乘坐去往Arezzo或者Chiusi的列车，约40分钟后在Montevarchi站下车，从站前打车10分钟。出租车不打表，市场价往返约€25。而且每天都有当地半日游。详情请咨询mybusitaly公司（p.83）或者world air service公司（p.83）。与THE MALL共同运营的班车价格€50。关门前30分钟禁止进入。
✉ Localita Levanella Montevarchi
☎ 055–9196528、055–9789188
营 10:00~19:30、周六9:30~19:30，周日、节假日10:30~19:30
休 无休

有很多Prada、Miumiu产品的奥特莱斯

Prada直营店。宽敞的店里还有姊妹品牌Miumiu的鞋子、包、衣服。

名牌店

Gucci

Gucci

地图p.70-F

交 从共和国广场步行4分钟
✉ Via de'Tornabuoni,73r ☎ 055-264011
营 10:00~19:30 休 1/1、复活节、12/25、12/26

产品齐全，服务周到，不愧是总店。在国内买不到的产品在这里也能找到。

名牌店

Prada

Prada

地图p.70-F

交 从共和国广场步行5分钟
✉ Via de'Tornabuoni,67r ☎ 055-283439
营 10:00~19:00 休 无休

引导时尚界的Prada。还有新款包包。

名牌店

Bvlgari

Bvlgari

地图p.70-F

交 从共和国广场步行4分钟 ✉ Via de' Tornabuoni,56r ☎ 055-2396786 营 10:00~ 19:00、周日14:00~ 休 8月的周日，8月休息一周

手表、戒指自不必说，方巾、香水等也是种类繁多。

名牌店

Salvatore Ferragamo

Salvatore Ferragamo

地图p.70-J

交 从共和国广场步行7分钟
✉ Via de'Tornabuoni,4r/14 ☎ 055-292123
营 10:00~19:30、周日11:00~19:00 休 8月

原本是宫殿的建筑物非常奢华，尽显总店的威风。

名牌店

Max Mara

Max Mara

地图p.70-F

交 从共和国广场步行5分钟
✉ Via de' Tornabuoni,66r ☎ 055-214133
营 10:00~19:30、周日・节假日11:00~19:00
休 1/1、8/15、12/25

引入流行元素的产品设计。还有国内未开卖的产品。

名牌店

Bottega Veneta

Bottega Veneta

地图p.71-G

交 就在共和国广场旁边 ✉ Via degli Strozzi,6 ☎ 055-284735 营 10:00~19:00、周日14:00~
休 1/1、复活节、8月的周日、12/25、12/26

有“BV”字样的系列产品等上等皮革包包受到好评。

名牌店

Furla

Furla

地图p.71-G

交 从共和国广场步行3分钟 ✉ Via Calzaiuoli,10r ☎ 055-2382883 营 10:00~19:30、周日11:00~ 休 1/1、12/25、12/26

有颜色鲜艳的皮革小件和手表等。暂未在国内上市的产品这里也有。

名牌店

Ermenegildo Zegna

Ermenegildo Zegna

地图p.70-J

交 从共和国广场步行7分钟
✉ Via Tornabuoni,3/R ☎ 055-264254
营 10:00~19:00、周日11:00~
休 1/1、12/25、12/26

使用顶级布料的男装顶级品牌。

名牌店

Miumiu

Miu Miu

地图p.71-G

交 就在共和国广场旁边
✉ Via Roma,8r ☎ 055-26088931
营 10:00~19:30 休 1/1、12/25

Prada的二线品牌。包包、钱包等的小件产品也很多。

名牌店

Emilio Pucci

Emilio Pucci

地图p.70-F

交 从共和国广场步行6分钟
✉ Via de'Tornabuoni,20/22r ☎ 055-2658082
营 10:00~19:00、第4周日11:00~ 休 周日

20世纪70年代风格的鲜艳花纹的组合很新颖。人气不断的品牌。

美第奇别墅大酒店
Grand Hotel Villa Medici

地图p.68-B ★★★★★

交 从Santa Maria Novella 车站步行10分钟
✉ Via Il Prato,42 ☎ 055-277171 FAX 055-2381336
€ T €207~
HP http://www.villamedicihotel.com/（英语）

克拉夫特大酒店
Hotel Kraft

地图p.68-A ★★★★

交 从Santa Maria Novella 车站步行5分钟
✉ Via Solferino,2
☎ 055-284273 FAX 055-2398267
€ T €60~
HP http://www.krafthotel.it/

蒂普洛马特酒店
Hotel Diplomat

地图p.68-B ★★★★

交 从Santa Maria Novella 车站步行2分钟
✉ Via Luigi Alamanni,9
☎ 055-2608400 FAX 055-214456
€ T €90~
HP http://www.hoteldiplomat.net/

隆德拉酒店
Hotel Londra

地图p.68-B ★★★★

交 从Santa Maria Novella 车站步行5分钟
✉ Via Jacopo Da Diacceto,16/20
☎ 055-27390 FAX 055-210682
€ T €119~
HP http://www.hotellondra.com/（英语）

奥巴尼酒吧旅馆
Hotel Albani

地图p.68-B ★★★★

交 从Santa Maria Novella车站步行5分钟
✉ Via Fiume,12
☎ 055-26030 FAX 055-211045
€ T €102~
HP http://www.albanihotels.com/（英语）

佛罗伦萨英美资源集团酒店
Hotel NH Firenze Anglo American

地图p.68-A ★★★★

交 从Santa Maria Novella 车站步行10分钟
✉ Via G.Garibaldi,9
☎ 055-282114 FAX 055-268513
€ T €79~
HP http://www.nh-hotels.com/（酒店精选）

阿斯多利亚酒店
Astoria

地图p.70-B ★★★★

交 从Santa Maria Novella 车站步行5分钟
✉ Via del Giglio,9
☎ 055-2398095 FAX 055-214632
€ T €109~
HP http://www.b4astoriafirenze.com/

阿利艾勒酒店
Hotel Ariele

地图p.68-A ★★★

交 从Santa Maria Novella 车站步行8分钟
✉ Via Magenta,11
☎ 055-211509 FAX 055-268521
€ T €75~
HP http://wwwhotelariele.it/（英语）

圣乔治・奥林匹克酒店
San Giorgio e Olimpic

地图p.70-B ★★★

交 从Santa Maria Novella 车站步行3分钟
✉ Via San Antonino,3
☎ 055-284344 FAX 055-283580
€ T €59~
HP http://www.hotelsangiorgioflorence.com/

雷克斯酒店
Hotel Rex

地图p.70-B ★★★

交 从Santa Maria Novella 车站步行5分钟
✉ Via Faenza,6
☎ 055-210453 FAX 055-2382390
€ T €59~
HP http://www.hotelrexflorence.com/

巴黎酒店
Paris

地图p.70-B ★★★

交 从Santa Maria Novella 车站步行5分钟
✉ Via dei Banchi,2
☎ 055-280281 FAX 055-268505
€ T €57~
HP http://www.parishotel.it/（英语）

尤尼科莫大酒店
Unicorno

地图p.70-E ★★★

交 从Santa Maria Novella 车站步行10分钟
✉ Via dei Fossi,27
☎ 055-287313 FAX 055-268332
€ T €50~
HP http://www.hotelunicorno.it/（英语）

酒店客房内提供保险柜　大厅Wi-Fi免费　客房内Wi-Fi免费　客房内Wi-Fi收费

阿斯科特酒店
Ascot

地图p.68-B ★★★

交 从Santa Maria Novella 车站步行5分钟
✉ Via Nazionale,8a
☎ 055-284171 FAX 055-212976
€ T €55~
HP http://www.hotelascotfirenze.com/

佛罗伦萨俱乐部酒店
Hotel Club Firenze

地图p.68-B ★★★

交 从Santa Maria Novella 车站步行3分钟
✉ Via S.Caterina da Siena,11
☎ 055-217707 FAX 055-284872
€ T €87~
HP http://www.hotelclubflorence.com/（英语）

马尔泰利酒店
Hotel Martelli

地图p.70-B ★★★

交 从Santa Maria Novella 车站步行5分钟
✉ Via Panzani,8
☎ 055-217151 FAX 055-268504
€ T €85~
HP http://www.hotelmartelli.com/

威斯汀精益酒店
The Westin Exelsior frorence

地图p.70-E ★★★★★

交 从共和国广场步行10分钟
✉ Piazza Ognissanti,3
☎ 055-27151 FAX 055-210278
€ T €350~
HP http://westinflorence.com/

萨沃伊酒店
Savoy Hotel

地图p.71-G ★★★★★

交 共和国广场前
✉ Piazza delle Repubblica,7
☎ 055-27351 FAX 055-2735888
€ T €286~
HP http://www.roccofortehotels.com/（英语）

考拉别墅大酒店
Grand Hotel Villa Cora

地图p.68-J ★★★★★

交 从Santa Maria Novella 车站乘坐出租车约10分钟
✉ Viale Niccolo Machiavelli,18
☎ 055-228790 FAX 055-22879199
€ T €250~
HP http://www.villacora.it/

伯尼尼宫酒店
Bernini Palace

地图p.71-L ★★★★★

交 从领主广场步行3分钟
✉ Piazza San Firenze,29
☎ 055-288621 FAX 055-268272
€ T €171~
HP http://www.duetorrihotels.com/（酒店精选）

佛罗伦萨德拉斯吉诺日艾酒店
Hotel Della Signoria

地图p.71-K ★★★★

交 从领主广场步行3分钟
✉ Via della Terme,1
☎ 055-214530 FAX 055-290492
€ T €114~
HP http://www.hoteldellasignoria.com/

欧陆大酒店
Hotel Continental

地图p.71-K ★★★★

交 从老桥步行1分钟
✉ Vicolo dell'Oro,6r
☎ 055-27262 FAX 055-283139
€ T €194~
HP http://www.lungarnohotels.com/

喜来登大酒店
Sheraton Firenze

地图p.68-A ★★★★

交 从Santa Maria Novella 车站步行15分钟
✉ Via G.Agnelli,33
☎ 055-64901 FAX 055-680747
€ T €69~
入住喜来登大酒店需提前预订

哥伦布大酒店
Hotel Columbus

地图p.69-H ★★★★

交 从帕齐家族礼拜堂步行15分钟
✉ Lungarno Cristoforo Colombo,22a
☎ 055-677251 FAX 055-669100
€ T €60~
HP http://www.hotelcolumbus.it/（英语）

碧提宫酒店
Pitti Palace

地图p.70-J ★★★

交 从老桥步行2分钟
✉ Borgo S.Jacopo,3
☎ 055-2398711 FAX 055-2398867 € T €91~
HP http://www.florencehotelpittipalacealpontevecchio.com/index.php/en（英语）

※旅游淡季时的最低房费。同时须支付旅居税。

斜塔与优美的杜奥莫奏出的“奇迹的广场”的和谐乐曲

比萨

PISA

地图p.6-D

交 从佛罗伦萨乘坐直达列车约1小时10分钟

位于阿尔诺河河口的比萨，古代的时候作为罗马的军港发展起来，中世纪的时候成为与威尼斯、热那亚一样繁荣的海洋都市。

比萨作为海洋贸易都市在12~13世纪初迎来黄金时代。在建筑和雕刻领域，新兴艺术开花结果，诞生了一座又一座用比萨罗马样式雕刻装饰的建筑物。街上还留有很多这个时期的建筑。

◆亮点

看点集中在杜奥莫广场周围。草坪覆盖的杜奥莫广场，让人感受到明亮又开放的和谐之美，被称为“奇迹的广场”。

广场对面，用地中海贸易中积蓄的巨大财富堆积而成的杜奥莫、洗礼堂、斜塔三大建筑物，细致而壮丽。

著名的斜塔，是与1592年开始在比萨大学担任物理、天文学教授的伽利略·伽利莱有关的地方。据说，伽利略让两个不同大小的铁球从这座塔上掉落，证明了“物体的下落速度，与物体的质量无关而是固定的”。

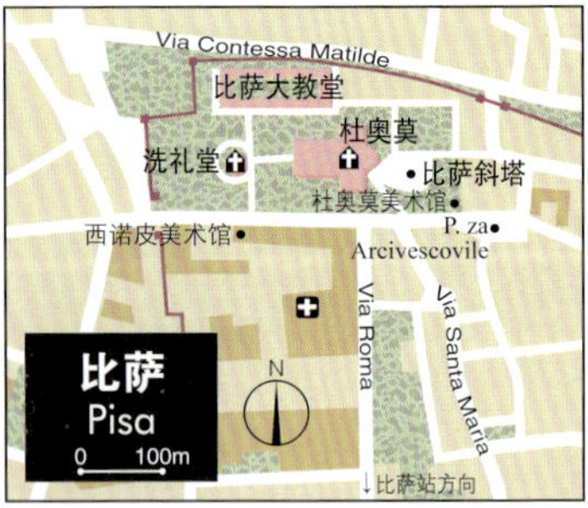

比萨罗马样式的美丽的杜奥莫

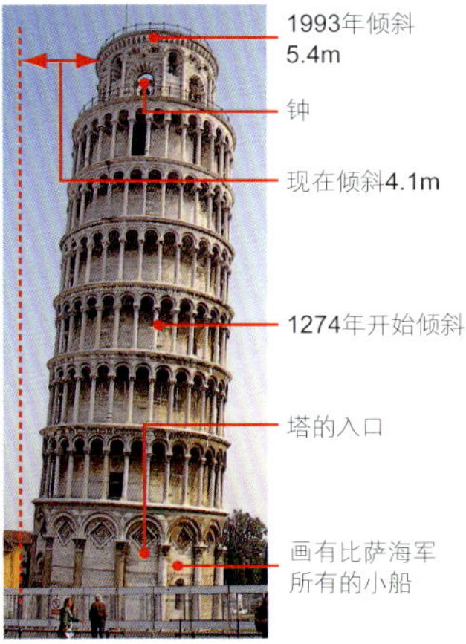

提前预约的话可以进入内部

1173年开工建设的白大理石斜塔直径17m，共8层，倾斜度5.5度，向南倾斜。开始倾斜是在1274年。1993年最多的时候倾斜了5.4m。之后对塔芯进行了加重处理，现在倾斜4.1m。

高54.5m的斜塔内部可以买票进去参观，但需要提前预约。最晚提前12天在网上预约。票价€18。

预约网址是http：//www.opaisa.it/

佛罗伦萨 周边游

伸向天空的14座塔并列的“中世纪的曼哈顿”

圣吉米尼亚诺

SAN GIMIGNANO

地图p.6–D

交 从佛罗伦萨乘坐巴士约2小时

塔的建设，发端于12世纪开始的皇帝派与教皇派的对立。当时，在军事防卫上，需要高层建筑，反复抗争的两派争相建塔。高几十米的塔同时还是财富与权力的象征，城市虽小，当时一时间却有72座塔。之后，14世纪黑死病大爆发，1353年佛罗伦萨合并，建塔事业处于停滞状态，留下了现存的14座塔。

最盛时期有72座塔

13世纪建成的美丽建筑群和意大利鲜有的美丽广场

锡耶纳

SIENA

地图p.6–E

交 从佛罗伦萨乘坐火车・巴士1小时30分钟

曾经与佛罗伦萨进行权力抗争的锡耶纳，是座保留中世纪模样的城市。6世纪以后，以金融・商业为中心发展起来，文艺复兴时期确立了被称为庄严的锡耶纳派的绘画样式。

◆**亮点**

看点集中在城市中心坎波广场周围。坎波广场被认为是意大利最美的广场。1334年建成的曼加塔楼可以登顶。广场西侧有罗马哥特样式的杰作和匀称的教堂。

扇形的坎波广场

威尼斯

Venezia 地图p.6-B

曾经的威尼斯共和国的首都威尼斯，曾作为地中海霸主大力发展了自己的文化。是座贵族和商人的豪华建筑成群的水上都市。这种罕见的城市设计让来到这里的人沉醉。

圣马可广场码头

ACCESS **空港→威尼斯本岛**
巴士▶到圣塔露西亚站附近的罗马广场约20分钟。水上巴士▶到圣马可约1小时15分钟。

i 观光咨询处
圣马可广场西侧角落
✉Piazza San Marco, Giardini Ex Reali
营 12:00~18:00　1/1、12/25休

城市概况

5世纪以后，受到异教徒侵入的威胁，在亚得里亚海的潟湖上建造城市是威尼斯的起源。约118座小岛上有400多座桥和 170多条运河，这样的水上都市全世界仅此一座。

698年拜占庭皇帝选出第一代总督之后，发挥其作为东西方向连接点的地理优势，发展了造船、海运、东方贸易。商人们卖掉那不勒斯和西西里的小麦和橄榄油、亚得里亚海的海盐，从东方运回罕见的胡椒、香辛料和棉花等，获得了巨额的利益。商人马可・波罗从威尼斯启程进行东方之旅是在1271年。

14~16世纪的文艺复兴时代，光彩四

溢的“威尼斯派”的美术流派迎来烂熟期，影响了意大利美术史。共和国的独立性，保持到了1797年拿破仑将领土交给奥地利之前。

有金属装饰的钟楼

观光亮点

被赞为“亚得里亚海的珍珠”的城市中心在里亚托桥一带和圣马可广场一带。看点和店铺也集中于此。

◆圣马可广场一带

圣马可大教堂、总督宫、钟楼所在的这片区域，宛如装满千年都市荣华的宝

曾经是历代总督住所的宫殿

箱。受东方影响建造的拜占庭式大教堂绚烂豪华。好想坐在圣马可大教堂对面的豪华咖啡厅静享一杯茶的时间。

◆里亚托桥一带

圣马可到里亚托桥之间有很多时尚的小铺和杂货店、餐饮店，是热闹的市中心。

◆威尼托料理

威尼斯是使用新鲜海鲜做原料的威尼托料理的发源地。在红酒吧也可以轻松吃到威尼托料理。烤制和油炸的鱼贝类、墨鱼汁意面等都是这里的名吃。多会搭配玉米粉熬制的玉米粥食用。

model plan

基本上是1晚2天

推荐旅游线路

※以下介绍晚上（20点左右）到达当地的游览计划

第1天

PM

●**办理入住**

放下行李，在酒店附近散步。

第2天

AM

●**市内观光**

去完圣马可大教堂、广场、总督宫、里亚托桥等地方之后，乘坐贡多拉游览。

●**办理退房**

寄存行李后出去观光。

PM

●**市内观光**

在潟湖之上的岛屿之一的穆拉诺岛上参观威尼斯玻璃杯工坊。然后返回威尼斯本岛，参观美术馆、购物等。

傍晚，在晚饭之前去酒吧小饮一杯。晚上，在面对运河的餐厅欣赏着梦幻般的夜景，享受晚餐时间。

●**晚饭后，前往下一座城市**

大运河正中央唯一的里亚托桥

市内交通

汽车只能到罗马广场附近。再往前需要乘水上巴士（汽艇）或水上出租车。贡多拉是威尼斯的出行工具。水上出租车和贡多拉比较贵，可以步行，或者乘坐水上巴士价格比较合适。

水上巴士（汽艇）Vapoletto

票价：60分钟票€7

大运河自不必说，还有很多开往威尼斯本岛以外的丽都岛、穆拉诺岛的水上巴士，很方便。清晨到深夜约10分钟一趟。1号线是24小时运营。大运河沿岸的路线有很多停靠站。

◆常用路线有2条

观光最常用的是往来于大运河之上的1号线和2号线。1号线在大运河的各站停靠。巴士停靠的罗马广场到圣马可之间是每站都停，在罗马广场与丽都岛之间往返。班次也是最多的。2号线经过罗马广场、车站、里亚托桥、学院、圣马可广场前的圣扎卡里亚（一部分在丽都岛）。

◆票券种类

60分钟票是€7，24小时票是€20，36小时票是€25。票需要在水上巴士主要停靠站或圣塔露西亚站前的有“Actv”字样的窗口购买。

◆乘船方法

乘船的时候，在检票机上刷一下票，使用开始日期就被记录下来了。如果乘船时不刷票会被认为非法，检票的时候会被罚款，需要注意。乘船时需

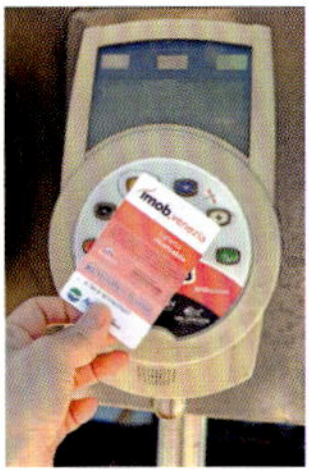

水上巴士的票。在检票机上刷一下会印上乘船时间

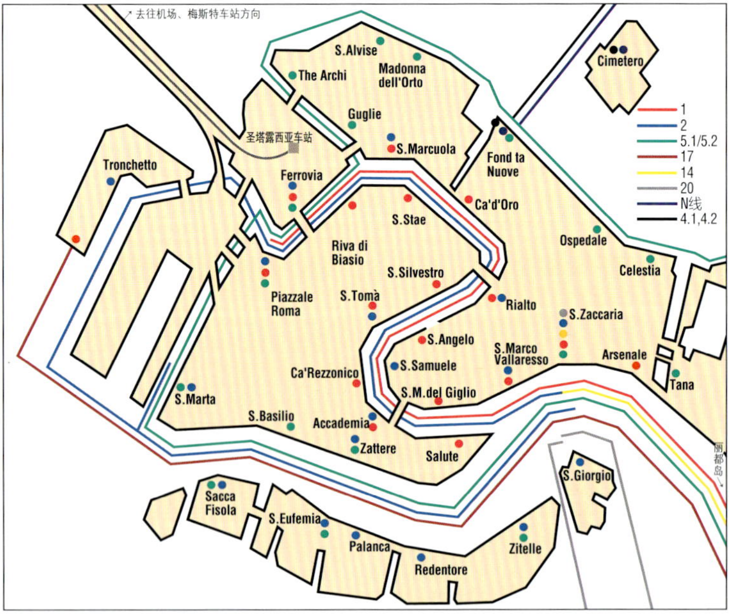

先核对路线番号和目的地以免坐反。目的地的停靠站可以通过乘船处的提示牌查询。

贡多拉 Gondola

票价：40分钟€80

贡多拉是威尼斯的特色。价格贵，但是乘坐起来很有情趣。要乘坐长10多米手划的贡多拉体验一番旅行的乐趣哦。市场价格40分钟€80，之后每20分钟€40。傍晚到日落后，或者坐很远费用会更高。定员6人，坐几个人费用都一样，所以坐满6人时每人平均的费用就低了。

不需要预约，在主要景点的贡多拉乘坐站“Servizio Gondole”乘坐。乘坐站的标志是绿色招牌。参加旅行社组织的贡多拉之旅的话，可以省去交涉价格的麻烦，很方便。

◆路线和费用

告诉船夫要去哪里以决定路线。乘坐之前先确认下费用和路线。每艘贡多拉的环游路线基本都是固定的，所以有的时候根据乘船路线可能会被带到别的乘船点。可以在酒店的旅游咨询台报名参加拼团游。

◆推荐贡多拉路线

推荐叹息桥路线。这条路线穿过桥底从圣马可广场背面穿过里亚托桥。可以看到与大运河完全不一样的风景。从里亚托桥经过大运河到圣马可的路线也很有人气。与乘坐水上巴士不一样，可以从低处看里亚托桥，景色满分。

绿色招牌是贡多拉乘坐站的标志

水上出租车 Taxi/Motoscafi

票价：起步价€15

赶时间或者带有大件行李的时候乘水上出租车比较方便。起步价€15，之后每分钟€2。机场到圣马可广场是定额€100（夜间€120）。圣塔露西亚站、里亚托桥等主要观光景点基本都会有“TAXI”的标志。水上巴士无法通过的窄路出租车也能自由通行。

水上出租车乘车站

小知识

威尼斯独特的道路标识

威尼斯有意大利其他城市没有的独特的道路、河流叫法，知道的话逛起来会很好玩。大运河叫CANAL，小运河叫RIO。运河沿岸的道路叫RIVA，岸边的狭窄小道叫FONDAMENTA。其他城市通常所说的VIA在威尼斯叫CALLE。

岸边的小道（Fondamenta）

去往梅特斯站方向
去往特隆盖托方向
A
B
E
F
J
水上巴士2号线
水上巴士1号线
Rio di San Alvise
Rio di San Girolamo
Fondamenta degli Ormesini
Calle dell a Malvasia
Rio della
Fondamenta della Sensa
Rio della Sensa
Calle del Forno
Rio della
Rio del Battello
Fondamenta di Cannaregio
Canale di Cannaregio
Fondamenta Venier
贫民窟
Campo del Ghetto
Rio di San
Rio Terrà di San Leonardo
p.102～103
Campo San Geremia
文德拉明卡拉基宫
Palazzo Vendramin Calergi
圣格莱米亚教会
Chiesa San Geremia
圣玛库拉教堂
San Marcuola
Lista di Spagna
里瓦迪比亚西奥
Riva dei Biasio
p.108 土耳其商行
Fondaco dei Turchi
圣斯塔埃
San Stae
铁路线
Ferrovia
Ponte degli Scalzi
p.109 佩萨罗宫
Ca' Pesaro
圣塔卢西亚车站
Stazione Ferroviaria Santa Lucia
圣十字教堂
Santa Croce
Fondamenta di San Simeon Piccolo
Rio di San Zan Degolà
圣贾柯摩德奥利奥教堂
Chiesa di S. Giacomo dell'Orio
宪法桥（卡拉特拉瓦桥）
PF30咖啡馆
Rio Marin
Ponte Della Costituzione (Ponte Calatrava)
罗马广场前站
Piazzale Roma
帕帕多波里庭院
Giardino Papadopoli
Rio di S. Polo
机场巴士总站
罗马广场
Piazzale Roma
Rio Nuovo
Chiesa dei Tolentini
圣保罗广场
Campo di San Polo
圣方济会荣耀圣母教堂 p.107
弗拉里广场
Campo dei Frari
Basilica di Santa Maria Gloriosa dei Frari
Rio di Santa Maria Maggiore
Rio delle Burchielle
Tre Ponti
Fondamenta dei
Salizada San Pantalon
Rio della Frescada
圣洛克信徒大教堂
Scuola Grande di San Rocco
贝尔纳德宫
Palazzo Bernardo
Crosera S. Pantalon
圣托马
San Tomà
圣天使堡
Sant' Angelo
Rio delle Procuratie
Fondamenta Rossa
Rio di Ca' Foscari
佛斯卡里公馆
p.108
Ca' Foscari
莫切尼戈宫
Palazzi Mocenigo
Canale della Scomenzera
圣玛格丽特广场
Campo S. Margherita
Rio di Santa Margherita
卡尔米尼教堂
Chiesa del Carmine
圣塞缪尔
S.Samuele
杜尔索多罗
Dorsoduro
雷佐尼科宫 p.108
Ca' Rezzonico
Rio di San Barnaba
Rio di San Nicolo
Callelunga San Barnaba
p.109 大屋（科耐尔宫）
Ca Grande (Palazzo Colner)
安杰洛·拉菲尔教堂
Chiesa dell' Angelo Raffaele
学院
Accademia
学院美术馆 p.106
Galleria dell' Accademia
佩吉·古根海姆美术馆
Collezione Peggy Guggenheim
Stazione Marittima
圣巴西里奥
San Basilio
Zattere al Ponte Lungo
Rio di S. Trovaso
Rio Terrà Foscarini
扎特雷
Zattere
杰索阿蒂教堂
Chiesa dei Gesuati
Rio di San Vio
Zattere allo Spirito Santo
萨克菲索拉
Sacca Fisola
朱迪卡运河
Canale della Giudecca
朱迪卡岛
Isola della Giudecca
Lauraneri
Fondamenta San Biagio
Palazzo Vendramin
圣费欧米亚
Sant' Eufemia
Chiesa di Sante Eufemia
Canale Sacca San Biagio
Canale dei
Rio di San Biagio
Rio di San Eufemia
Chiesa di San. Cosmo
Rio dei Ponte Piccolo
帕兰卡
Palanca
Fondamenta di San Giacomo

去往穆拉诺岛 p.110
布拉诺岛方向 p.111
水上巴士4.1/4.2号线
水上巴士12号线
圣米凯莱教堂
Chiesa di San Michele
圣米凯莱岛
Isola di San Michele
马当那奥尔托教堂
Chiesa della Madonna dell'Orto
C
D
Madonna dell'Orto
Fondamenta dell'Abbazia
Fondamenta della Misericordia
Misericordia
耶稣教堂
Chiesa dei Gesuiti
新基地
Fondamenta Nuove
Rio di San Caterina
Rio dei Gesuiti
Rio di Noale
Rio di San Felice
Strada Nova
Fondamenta Nuove
圣马可大教堂
Scuola di San Marco
大运河
Canal Grande
黄金宫 p.109
金屋
Ca'd'Oro
Rio dei Santi Apostoli
Rio dei Mendicanti
市民医院
Ospedale Civile
市民医院
Ospedale Civile
鱼市
Poscheria
圣保罗
San Polo
圣玛丽奇迹教堂
Chiesa di Santa Maria dei Miracoli
圣乔瓦尼保罗教堂
Basilica dei Ss. Giovanni e Paolo
圣弗朗西斯科德拉维尼亚教堂
Chiesa di San Francesco della Vigna
切莱斯迪亚
Celestia
里亚托大桥 p.104
Ponte di Rialto
圣西尔维斯特罗
San Silvestro
里亚托
Rialto
Rio di San Giovanni Laterano
Rio di Santa Giustina
城堡
Castello
Rio della Fava
Salizada San Lio
斯堪堤那威亚酒店
p.117
G
Rio di San Severo
S. Lorenzo
Rio di San Francesco
H
Canale delle Galeazze
p.109 伯爵宫殿
Palazzo Manin
格里马尼宫
Palazzo Grimani
Mercerie
宫殿酒店
圣马可大教堂 p.105
Basilica di San Marco
圣洛伦佐教堂
Chiesa di San Lorenzo
造船厂
Arsenale
圣马可
San Marco
Calle dei Fabbri
Mercerie
Rio di Palazzo
圣萨卡利亚教堂 p.107
Chiesa di San Zaccaria
Salizada San Antonin
洞穴餐厅
Corte Sconta
p.113
Campo Bandiera e Moro
Rio dell'Arsenale
Calle della Mandola
Rio di San Luca
Frezzeria
圣马可广场 p.104
Piazza San Marco
达涅利酒店
p.117
p.117 威尼斯大都市酒店
Riva degli Schiavoni
诺尔宝·大城酒店
加布里埃尔·三德瓦宾馆
塔纳
Tana
Ca'di Dio
凤凰歌剧院
Teatro la Fenice
圣马可瓦拉莱索
San Marco Vallaresso
总督宫 p.104
Palazzo Ducale
圣赞卡利亚教堂
San Zaccaria
水上巴士线
Riva degli Schiavoni
阿塞那罗
Arsenale
Calle Larga XXII Marzo
Rio di San Moisè
马尔恰纳图书馆
Biblioteca Marciana
Rio dei Greci
水上巴士1号线
Rio della Tana
Via Garibaldi
圣玛利亚迪基里奥
S. M. del Giglio
科雷尔美术馆 p.104
Museo Cirico Correr
船舶历史博物馆
Museo Storico Navale
Riva dei Sette Martiri
大运河
Canal Grande
圣马可运河
Bacino di San Marco
萨鲁特
Salute
海关桥艺术画廊（现代美术馆）
Punta della Dogana
安康圣母教堂 p.107
Basilica di Santa Maria della Salute
Rio della Fornace
Zattere ai Saloni
圣乔治
S. Giorgio
圣乔治马焦雷教堂 p.107
Chiesa di San Giorgio Maggiore
K
L
水上巴士2号线
Fondamenta delle Zitelle
圣乔治马焦雷岛
Isola di San Giorgio Maggiore
N
雷登托勒
Redentole
雷登托勒教堂
Chiesa del Redentore
齐泰莱
Zitelle
齐泰莱教堂
Chiesa della Zitelle
Fondamenta della Croce
十字教堂
Chiesa della Croce
威尼斯
Venezia
0
200m

去往梅斯特站方向
Calle Priuli detta dei Cavalletti
Rio Terra Lista di Spagna
R. Terrà dei Sabbioni
C. del Forno
Fond. Crotta
圣杰雷米亚教堂
Chiesa San Geremia
圣马尔克拉
San Marcuola
p.109 温德拉敏宫
Palazzo Vendramin Calergi
土耳其商行 p.108
Fond. d. Turchi
水上巴士1号线
Canal Grande
水上巴士2号线
Biasio
里瓦·比亚西奥
R. d. Biasio
圣塔露西亚车站
Stazione Ferroviaria Santa Lucia
Fond dei Scalzi
Porte Scalzi
赞罗维亚
Ferrovia
Riva di Biasio
C. Pugliese
Calle del Pistor
Sottoportico e Corte Pisani
C. Sporca
Campo Riello
Calle Orsetti
Calle Corte della Cazza
C.dell' Isola
Salizzada del Fondaco dei Turchi
Fondamenta del Megio
Calle del Megio
Calle del Forno
Calle degli Albanesi
Calle del Tintor
Calle Larga
Calle Colombo
Calle Zambelli
C.di Mezzo
Calle del Tintor
Calle del P. Storto
Calle del Grue
Fond. delle Modena
A
B
Fondamenta di Santa Lucia
Fondamenta di San Simeon Piccolo
威尼斯卡尔顿大运河酒店 p.117
Rio Marin
圣十字
S. Croce
Gallion
Calle Larga dei Bari
圣贾柯摩德奥利奥教堂
Chiesa di S. Giacomo dell' Orio
Ruga Bella
Calle del Traghetto di Santa Lucia
Calle Nuova di San Simeone
Fond Gradenigo
Fondamenta Rio Marin
Calle Gradisca
Cpl. d. Strope
Ramo d. Oche
Calle Prima Perucchetta
Calle del Tintor
Corte Canal
Calle Visciga
Calle San Zuane
Rio di San Agostino
圣阿根廷广场
Campo di S.Agostin
百花餐厅
Sottop e Corte d. Case Nuove
Campo della Lana
Calle d. Lacca
Stp. d. Lacca
Calle de Magazzen
Calle Zane
Calle della Vida
Calle d. Chiesa
Calle Bernardo
Calle Pezza
宪法桥
（卡拉塔尔瓦桥）
Ponte Della Costituzione
(Ponte Calatrava)
去往罗马广场方向
帕帕多波里庭院
Giardino Papadopoli
帕帕多波里大酒店
罗马广场
Piazzale Roma
Calle del Campazzo
Calle delle Chiovere
Calle dietro l'Archivio
Rio terrá San Tomá
圣斯汀广场
Campo S.Stin
Calle larga
Calle Corner
Rio di San Polo
圣保罗广场
Campo di San Polo
托伦蒂尼教堂
Chiesa dei Tolentini
Fondamenta Condulmer
Fondamenta del Gaffaro
圣方济会荣耀圣母教堂 p.107
Basilica di Santa Maria Gloriosa dei Frari
p.115 Tragicomica
弗拉里广场
Campo dei Frari
咖啡馆
圣保罗教堂
Chiesa di San Polo
Calle Magazen
Rio Nuovo
C.del Misericordia
Fondamenta del Gaffaro
Fondamenta Minotto
Calle Falier
Calle Vinanti
圣洛可教堂
Chiesa di San Rocco
Salizzada S. Rocco
Rio Terrà dei Nomboli
E
F
Calle d. Sbiacca
Calle Molin
圣洛可信徒大会堂
Scuola Grande di San Rocco
圣托马广场
Campo S. Tomà
圣阿杰罗
S.Angelo
Fondamenta del Rio Nuovo
Calle de Basego
Calle dei Preti o d. Pister
Fond. d. Omesta
Cosera
p.108 帕萨尼宫
Palazzo Pisani Moretta
Fondamenta Rizzi
Fondamenta delle Procuratie
C. larga Ragusei
Fond. Del Rio Nuovo
Campo San Pantalon
Calle S. Pantalon
Calle della Saoneria
Calle larga Foscari
C. Marcona
圣托马
S.Toma
Pal. Corner Gheltof
C. d. Traghetto Garzoni
Calle Crosera
Calle Corner
C. Corte Contarini
Rio di Cà Foscari
巴尔比宫殿
Palazzo Balbi
Pal. Mocenigo
C. Mocenigo Casa Nova
Fondamenta Rossa
Calle Ragusei
杜尔索多罗
Dorsoduro
C. del Forno
Fondamenta Bembo detta del Malcanton
Corte d. Fondego
Corte d. Tagliapietra
Calle dei Saoneri
Calle della Madonna
p.108 佛斯卡里宫
Ca'Foscari
Calle Lezze
Salizzada S. Samuele
圣玛格丽特广场
Campo di S.Margherita
Ram Grassi
Fondamenta Briati
Fondamenta del Soccorso
Rio terrà della Scoazzera
Rio terrà Canal
Calle Bernardo
p.109 格拉西宫
Pal. Grassi
Salizzada Malipiero
C.d. Teatro
C.d. Zotti
C.d. Orbi
C. delle Muneghe
卡尔米尼教堂
Chiesa dei Carmini
嘉·马卡纳
圣塞缪尔
S.Samuele
p.108 雷佐尼科宫
Ca'Rezzonico
雷佐尼科
Ca Rezzonico
Fond. dello Squero
Fondamenta Gherardini
p.114 Ristoteca Oniga
18世纪美术馆
Corte Zappa
C. delle Pazienze
Pal. Loredan Campo
Corte Sforza
Calle Vitturi
Calle Giustinian
C. Larga d. Clero
Cpl. S. Vidal
Fond. di San Sebastiano
C. Rossi
咖啡馆
Calle dei Cerchieri
R. Cerchieri
学院宾馆
Pal. Contarini Scrigni
Campo S.Vidal
I
J
Calle lunga S. Barnaba
C.d. Puti
Calle Avogaria
Calle Balastro
Rio Terrà degli Ognissanti
Fondamenta delle Romite
Fondamenta di Borgo
Sacca Toletta
C.d. Toletta
Calle d. Toletta
Fond. Bollani
C. Gambara
Pal.Cavalli Franchetti
学院
Accademia
学院大桥
p.108 巴巴罗宫
Pal. Barbaro
Salizzada San Basegio
C.d. Chiesa
Cpl. Sartorio
Fond. Ognissanti
Corte Bonfadina
Campo Ognissanti
C. Ochialera
Cpl. d. Carità
学院美术馆
p.106
Galleria dell'Accademia
C. del Vento
C. dei Preti
Calle della Masena
C. dei Cartelotti
Corte Canal
Calle Trevisan
Fond. Bonlini
F. Sangiantoffetti
Fondamenta Nani
Calle del Pistor
C. large Nani
Larga Pisani
夜店
Fondamenta Zattere Ponte Lungo
圣巴基里奥
S.Basilio

威尼斯市中心
Venezia Centro
0
100m
N
里亚托桥 p.104
Ponte di Rialto
圣马可大教堂 p.105
Basilica di San Marco
圣马可广场 p.104
Piazza San Marco
总督宫 p.104
Palazzo Ducale
安康圣母教堂 p.107
Basilica di San Maria della Salute
圣马可
San Marco
圣保罗
San Polo
大运河
Canal Grande
圣马可运河
水上巴士1号线
水上巴士2号线
佩萨罗宫 p.109
Ca' Pesaro
黄金宫 p.109
Ca' d'Oro
金屋
Ca' d' Oro
圣斯塔埃
S. Stae
超市
咖啡馆
Vini Da Gigio
p.113
圣卡西亚诺宾馆
约婚夫妇餐厅
鱼市
Poscheria
Cantina Do Mori p.114
阿拉玛多纳
安提克德罗餐厅
马可尼宾馆
迪埃其萨比宫殿
Palazzo Diedo Savi
德国商行
（中央邮局）p.109
Fondaco
d.Tedeschi
酒世界
Osteria da
Alberto p.113
圣马可大会堂
Scuola di San
Marco
圣玛利亚奇迹教堂
Chiesa di Santa
Maria dei Miracoli
p.113 Al
Mascaron
圣玛利亚福尔莫扎教堂
Chiesa di Santa
Maria Formosa
Alle Testiere
p.113
Rialto
里亚托酒店 p.117
里亚托
Rialto
C. S.
Silvestro
圣西尔贝斯特罗
S. Silvestro
p.109
伯爵宫殿
Pal. Manin
圣地西莫萨尔巴特罗教堂
Chiesa di
S. Salvatore
马克思艾克
瓶起子酒吧
Il Papiro
p.116
威尼斯安提卡帕纳达酒店 p.117
p.115
Kerer
Sanzogno Ga
p.115
贝尔纳莱多宫殿
Palazzo
Bernardo
巴巴罗宫 p.108
Pal. Papadopoli
加利马尼宫殿
Pal. Grimani
阿尔雄酒店
p.117
星级宾馆
艾尔斯·奥尼
米索尼
卡尔蒂那
Gucci
Dolce & Gabbana p.116
马克思马拉
波利尼
贝尼尼
Gucci
p.116
康内斯皮内利宫殿
Pal.Corner Spinelli
佩萨罗宫
Pal. Pesaro
罗西尼剧场
Teatro Rossini
赛莱尼西亚酒店
p.114 Gran Caffe
Ristorante
Quadri
萨尔维蒂商店
卡瓦莱特酒店
p.116 Bruno Magli
爱儿梅奈吉鲁德
咖啡馆
叹息桥
Ponte d.Sospiri
Prigioni
钟楼
Campanile
圣天使广场
Campo S.Angelo
p.114 Vino Vino
艾迪克·马尔蒂尼
科伦巴
维尔萨奇
L'Isola p.115
Prada
Fendi p.116
科雷尔美术馆 p.104
Museo Civico
Correr
Caffe Florian
p.114
波利
路易威登
马尔齐亚纳图书馆
Bibrioteca Marciana
去往机场方向的水上巴士码
圣斯特凡诺教堂
Chiesa di S.Stefano
圣斯特凡诺广场
Campo San Stefano
凯特酒店
圣摩泽酒店
凤凰歌剧院
Teatro la Fenice
弗拉加墨商店
皮亚纳
圣摩西教堂
Ch.
di San
Moise
Calle Vallaresso
Bottega Veneta p.116
商店
旅游咨询处
圣毛里佐广场
Piazza
San
Maurizzio
萨托鲁尼亚酒店
3月22日大街
Via 22 Marzo
布鲁诺玛丽
布鲁加利
特兹商店
Gucci
里斯本酒店
摩纳哥大运河酒店 p.117
Harry's
Bar
p.114
圣马可教会
S. Marco Giardinetti
圣马可教会
S. Marco Vallaresso
p.117 威尔能鲍尔酒店
阿拉酒店
格瑞提皇宫酒店 p.117
大屋
（科耐尔宫）p.109
Ca Grande
(Palazzo Corner)
孔塔里尼法桑宫 p.109
Pal. Contarini
Fasan
Pa.
Tiepolo
旅游咨询处
圣玛利亚德基利奥
S. M. del Giglio
赛鲁特
Salute
威尼斯威斯汀酒店
p.117
海关大楼
（现代美术馆）
Punta della
Dogana
佩吉·古根海姆美术馆
Collezione Peggy Guggenheim
去往圣扎比里亚方向
S.Zaccaria
C
D
G
H
K
L

威尼斯本岛

Venezia

市中心圣马可广场一带有王宫、大教堂、威尼斯总督府等重要建筑物。同为市中心的里亚托桥一带也有很多宫殿、外国商馆等稳重的建筑物，非常华丽。

圣马可广场

Piazza San Marco

✲✲✲

地图p.103-L

交 从水上巴士1/2号线San Marco Vallaresso站步行3分钟

为威尼斯共和国的政治、宗教、文化中心。15世纪时的钟塔和钟楼耸立。柱廊围起来的广场11世纪开始建设。16世纪中叶，因为建新行政长官府而完工。

因观光客而一直热闹非凡

总督宫

Palazzo Ducale

✲✲✲

地图p.103-L

交 从水上巴士1/2号线San Marco Vallaresso站步行3分钟 营 8:30~18:00（冬季是~16:30），1/1、12/25不开放 € €16（与科雷尔美术馆通用）

9世纪时的城塞，1309—1442年被改建成哥特样式。曾经是威尼斯共和国历代总督的办公厅兼住所。内部用威尼斯派画作装饰，有很多房间。

从大运河看到的叹息桥。从总督宫过这座桥，可以参观旧牢

与其相邻的“叹息桥”（Ponte dei Sospiri）很有名。在宫殿内的法庭被判有罪的犯人，被送往旁边的牢房时要过这座桥，有不少犯人看到的最后一眼世界是过桥时透过桥上的小窗户看到的风景。那个地方现在是贡多拉游的人气景点。

科雷尔美术馆

Museo Civico Correr

✲

地图p.103-L

交 从水上巴士1/2号线San Marco Vallaresso站步行3分钟 营 10:00~19:00（入馆是~18:00，冬季是~16:00），1/1、12/25不开放 € €16（通用票）

在3楼的绘画馆，除展出威尼斯派画家乔凡尼・贝利尼的《圣母怜子》、卡尔帕乔的《两个妓女》等名作之外，还展出了古地图等史料。

里亚托桥

Ponte di Rialto

✲✲✲

地图p.103-G

交 从水上巴士1/2号线Rialto站步行1分钟

里亚托桥位于S形大运河的正中央。拱形覆盖的长48m的桥上是金属工艺品和皮革制品构成的拱廊。站在桥上看运河简直是绝景。

小知识

里亚托桥曾经是吊桥

里亚托桥最初是为了让高大的帆船能通过而建的木质吊桥。但是，吊桥因为结构特点寿命短暂，于是1588年对桥的设计进行了招标。

参与竞标的人以米开朗琪罗为首，都是建筑家帕蒂奥级别的大咖，最终采用石制大拱形设计的安东尼奥・达蓬特获胜。虽然地基松软工程难以进展，但当时还是只花了4年的时间就建成了这座石桥。

圣马可大教堂
Basilica di San Marco

★★★

地图p.103-L

交从水上巴士1/2号线San Marco Vallaresso站步行3分钟 营9:45~17:00，周日、节假日是14:00~18:00 €博物馆€5

为祭奠城市的守护圣人圣马可的教堂。威尼斯总督为供奉圣者遗体捐资建造的纳骨堂是教堂的前身。象征圣马可的带翅膀的狮像现在还是市徽。

11世纪，以君士坦丁堡的十二使徒教堂为模型重建。之后到15世纪期间又多次重建，增加了罗马、拜占庭、哥特、文艺复兴等多种样式。模仿清真寺的正面拱形和圆屋顶，使其散发着拜占庭风的东洋味道。

主祭坛背面的黄金壁画是在贴有金箔的大理石上镶嵌绿宝石、蓝宝石、红宝石等2000个珍贵宝石的豪华作品。宝物馆里还有拜占庭样式的工艺品展出。

正面入口上部青铜像里的4匹马是公元前4~3世纪在希腊制作的，是希腊化时期的杰作，是以威尼斯和法兰西诸侯们为中心进行的第四次十字军东征（1202—1204年）时从拜占庭（东罗马）帝国掠夺来的。1797年被拿破仑带到巴黎，法兰西帝国崩溃后又还给了威尼斯。这里的铜像是复制品，原作在附属圣马可博物馆。建在大教堂前的高96m的钟楼可以乘电梯上去。

5个圆顶
中央有大的中央穹顶，两侧有小的中央穹顶，上面还有小的圆屋顶。这是拜占庭教堂特有的造型。

圣马可像
中央圆顶的顶上有圣马可像。

注意 4匹青铜马
正面入口上方的阳台上有4匹镀金的青铜马像。这个是复制品，原作在教堂内部的圣马可博物馆。这个阳台作为展望台也值得推荐。

注意 正面拱形上画的马赛克画
正面左手边的拱形上，是描绘圣马可遗体到达威尼斯时样子的马赛克画。于1270年完成。中央入口的三个拱形上是罗马样式的雕刻，据说是1240年前后创作的。

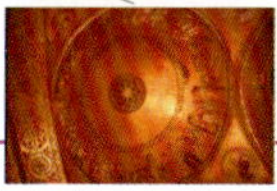

内部
历代总督历经500年改建扩建，内部用十字军时代从东方掠夺来的炫目的财宝装饰而成。金箔质地的马赛克画铺就的壁面也相当惹眼。

学院美术馆
Galleria dell'Accademia

地图 p.102-J

交 从水上巴士1・82号线Accademia站步行1分钟 营 周二~周日是8:15~18:30，周一是~13:15，部分节假日不开放 € €9

威尼斯的艺术家们受东方拜占庭文化的影响，“水都”这个独特的环境，给了他们对光线与色彩的敏锐感觉。长时间的稳定繁荣发展形成了爱好享乐的世俗风潮，也形成了运用华丽色彩的独特画风。

这种威尼斯派的画风15世纪由贝利尼父子奠定基础，经卡尔帕乔、乔尔乔纳发展，由“16世纪的三大巨匠”提香、丁托列托、委罗内塞完成。

学院美术馆系统展示了这一发展经过。特别值得一看的有丁托列托的《圣马可的奇迹》等4幅大作、提埃坡罗的错视画、卡尔帕乔的9幅系列作品《圣乌尔苏拉的传说》等。

利用修道院建筑，展示14世纪到16世纪威尼斯派的美术作品

小知识

在学院美术馆能遇见的威尼斯派巨匠

卡尔帕乔（1465年左右—1526年左右）

在宗教画中加入了风俗元素。代表作是《圣乌尔苏拉的传说》。

贝利尼（儿子）（1430年左右—1516年）

儿子乔凡尼在父亲的作坊里学习，这个作坊培养了乔尔乔纳和提香。乔凡尼的《圣母子像》等作品很有名。

乔凡尼・贝利尼的名作《圣约伯的祭坛画》

提香（1490—1576）

受到乔尔乔纳擅长的光的色调的强烈影响。他作画以发挥了油彩画长处的充满跃动感的笔触和壮丽的构图为特征，留下了很多大作。代表作有《圣母怜子图》等。

被称为「色彩魔术师」的提香的《圣母怜子图》

丁托列托（1518—1594）

当过提香的短期学徒，27岁的时候来到罗马结识了米开朗琪罗，并受到他的影响。追求有效运用光与影强烈对比的跃动的肉体和戏剧性的表现。代表作有《圣马可的奇迹》《耶稣受刑》《将圣马可遗体运回威尼斯》。

丁托列托的《将圣马可遗体运回威尼斯》。戏剧性构图

委罗内塞（1528—1588）

以反映威尼斯贵族嗜好的华丽画风和丰富的色彩为特征。代表作是受教堂委托创作的《列维家中的盛宴》。画风世俗，当时是人们批判的对象。

安康圣母教堂
Basilica di Santa Maria della Salute

地图 p.103–K

交 从水上巴士 1 号线 Salute 站步行 1 分钟
营 9:00~ 12:00、15:00~18:00　祭日休

1630 年黑死病结束，为表感谢第二年开始建设，1687 年完工，是巴洛克建筑的杰作。巨大的中央穹顶（圆形屋顶）盖住八角形的正殿，周围由 6 个礼拜堂围着，建筑之豪华犹如宫殿。内部的圣器室和天井上用丁托列托的《迦南的婚宴》、提香的天顶画以及其他的绘画大作装饰着。

由 17 世纪建筑家隆盖纳主持建筑

圣乔治马焦雷教堂
Chiesa di San Giorgio Maggiore

地图 p.101–L

交 从水上巴士2号线S.Giorgio站步行1分钟
营 9:30~12:30、14:30~18:30（冬季是~17:30）
€ 钟楼€3

由16世纪的代表建筑家帕拉第奥设计，由于姿态优美被称为“水边的贵妇”。建造时间是1565—1583年（正面是1611年）。柱廊和正面入口的上部巧妙融合，柱子也是左右对称的设计，帕拉第奥的样式美表现得淋漓尽致。正殿的墙壁上展出着丁托列托的杰作《最后的晚餐》《玛娜的收获》。登上钟楼的露台，可以俯瞰威尼斯城和拉古纳群岛。

位于大运河之南

圣方济会荣耀圣母教堂
Basillica di Santa Maria Gloriosa dei Frari

地图 p.102–F

交 从水上巴士1号线S.Toma站步行3分钟
营 9:00~ 18:00（周日13:00~）€ €3

14 — 15 世纪作为弗朗西斯科派的教堂建设的哥特式建筑。主祭坛有威尼斯派绘画巨匠提香历时两年完成的杰作《圣母升天图》。

地下有历代总督与画家提香长眠的祭堂。

14 世纪的钟楼高度仅次于圣马可大教堂

圣萨卡利亚教堂
Chiesa di San Zaccaria

地图 p.101–H

交 从水上巴士 1 号线 S.Zaccaria 站步行 3 分钟 营 10:00~12:00、16:00~18:00　€ 免费

因大量收藏了威尼斯派绘画而有名。左手边的祭坛有乔凡尼・贝利尼的大作《玉座的圣母和诸圣人》。抱着婴儿基督的年轻圣母的低头脸庞美丽动人，身上衣服的红色与布料的蓝色的插色发挥得恰到好处。在这里可以欣赏丁托列托的作品《洗礼者约翰的诞生》、以柔和画风为特征的皮埃坡罗的作品等威尼斯派绘画。

左右的长廊、圆形天顶上面也布满了名画

乘水上巴士
游玩水都&名建筑

威尼斯独有的风景怎么说也得算从大运河看到的壮丽风景。坐上水上巴士，看看左右两侧一个接一个出现的美丽住宅吧。

S.Marcuola

R. di Biasio

圣塔露西亚火车站

土耳其商行

1227年建成，1621年开始作为土耳其的商行使用。

帕帕多波利宫

16世纪中叶为了宝石交易而建。有两层宽敞的回廊。

Piazzale Roma

罗马广场

帕萨尼宫

15世纪前半的哥特式宅邸。

佛斯卡里宫

8连拱的回廊是其特征，这是一座后期哥特式的奢华宅邸。

S.Ang

S.Toma

专业导游建议

全长约4km的全景不容错过

“漂亮住宅林立的世界最棒的道路”。如此描述大运河的是15世纪的法国作家。整个城市都在海中，由纵横交错的运河和118个岛屿组成，没有汽车道。世界上绝无仅有的景观让看的人为之感动。倒S形的大运河长约3.8km，深约6m。大运河的宽度宽的地方有100m，最窄的地方是里亚托桥，约40m。这里有12世纪到18世纪建的100多座宅邸，美得有点不现实。

雷佐尼科宫

由17世纪的建筑家隆盖纳设计、18世纪中叶完成的巴洛克建筑。内部是一座收集了18世纪美术作品的美术馆。

Ca Rezzonic

Accademia

巴巴罗宫

本馆是哥特时期建造的。巴洛克时期增建的新馆在旁边。3楼部分是威尼斯独特的回廊。

温德拉敏宫

1504年完工。以带有传统三列构造窗户的哥特样式为主，加上点托斯卡纳·文艺复兴样式。歌剧作曲家理查德·瓦格纳在这里度过了晚年。

黄金宫

将金银工艺品的精细引进建筑的全盛期哥特样式的名建筑。"黄金宫"这个名字来源于曾经覆盖建筑正面的金箔。

德国商行

16世纪的时候商行的正面有提香等人的湿壁画装饰。现在作为中央邮局使用。

佩萨罗宫

能看出17世纪贵族爱好的巴洛克时期的建筑。

里亚托桥

1588—1592年改建成了石桥。拱形全长28m。

伯爵宫殿

1536年开始修建，历经75年终于落成的文艺复兴建筑。1楼是威尼斯建筑风格的柱廊。

圣马可大教堂

以拜占庭样式为主，与罗马、文艺复兴等样式混搭。

格拉西宫

18世纪的建筑。归意大利企业FIAT S.P.A所有，现作为美术馆使用。

科雷尔宫

1536年贵族商人康奈家族建造的3层古典宅邸。

孔塔里尼法桑宫

全盛期哥特样式的建筑。

圣乔治马焦雷岛

代表16世纪意大利的建筑家帕拉第奥设计的美丽的教堂是这座岛的标志。

安康圣母教堂

拉古纳群岛

Laguna

5世纪以后，威尼斯人开始建造横跨拉古纳约118座小岛的城市。脚步不要只停留在威尼斯本岛，也踏上主要岛屿看看吧。

穆拉诺岛

Murano

地图p.110-B

交 从水上巴士4.1/4.2号线Fondamenta Nuove站乘坐水上巴士12号线约15分钟

坐落于威尼斯以北1.5km海上的岛屿。13世纪玻璃工匠聚集于此之后，威尼斯玻璃（穆拉诺玻璃）的制作方法就传下来了，成为世界有名的玻璃产地。岛内有很多吹制玻璃的作坊和玻璃制品的专卖店。来到朱斯提尼安河岸的玻璃工艺博物馆，还可以观赏罗马时代的出土文物和中世纪以后的精致玻璃。

城市中心能看见塔的穆拉诺岛

穆拉诺岛的玻璃工艺博物馆。展出着有珐琅装饰的18世纪玻璃

小知识

威尼斯的玻璃为何有名?

起初玻璃工艺是在东洋发展起来的。注意到玻璃工艺的威尼斯商人开始从叙利亚引进工匠。1291年共和国政府害怕玻璃技术外流，将玻璃工坊转移到穆拉诺岛，同时玻璃工匠们也被强制移居过去。就这样威尼斯玻璃14—15世纪垄断了欧洲市场。精美、别致的穆拉诺玻璃被用于名贵的吊灯和餐具。

布拉诺岛
Burano

地图p.110-A

交 从Fondamenta Nuove乘坐水上巴士12号线约50分钟

是渔业发达的岛屿，沿路沿河满是浅色调外壁的房屋。据说把墙壁刷成五颜六色，是为了在大雾笼罩的冬季让渔夫们能分辨出自己的家。

特产是精致的蕾丝工艺。精致的蕾丝作为贵族的装饰品深受珍爱，是蕾丝的最高级品。近年，礼品店里的普及品有很多是中国制造的。关于16世纪初开始作为传统工艺传承下来的技法和历史，岛上的蕾丝博物馆里有详细介绍。

彩色房屋连起来的布拉诺岛。左侧是能知晓蕾丝历史的蕾丝博物馆

丽都岛
Lido

地图p.111

交 从水上巴士1、5.1、5.2号线San Marco Vallaresso站步行约15分钟

位于威尼斯本岛西南的细长形岛屿。东侧亚得里亚海对面的美丽的白色沙滩漫长无边。与世外桃源般让人充满幻想的威尼斯本岛不同的是，这里有很多高级酒店、赌场，而且一个比一个华丽，是热闹的海滨度假胜地。

因电影《死于威尼斯》在此拍摄而为人所知，电影中出现的高级酒店、德班大酒店现在还完好。这座岛还是威尼斯国际电影节的举办场所。3月到10月的旅游旺季有世界各地游客前来的丽都岛，到了冬天也会变回宁静的岛屿。

小知识

蕾丝编织始于渔网

蕾丝成为渔业岛屿布拉诺岛的特产，与在打鱼时使用的渔网的修补有关系。渔夫妻子和母亲修补渔网用到的“空中穿刺法”发达，使用此方法的花边织法也流行起来。美丽的蕾丝是上流阶层生活中不可或缺的东西。岛上的蕾丝在16世纪以后成为与玻璃工艺平级的特产。网眼精致而可爱的手帕、桌布着实漂亮，但是源于与生活密切相关的需要这点有点意想不到。

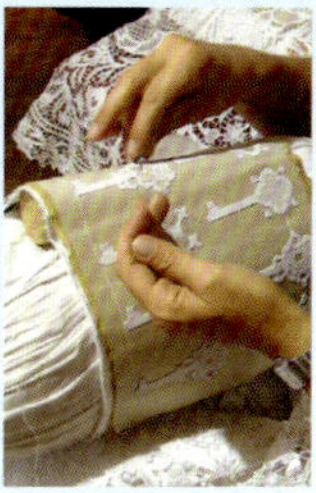

威尼斯
导航NAVI

所需时间
约3小时

散步也是“水都”的乐趣之一

如果在威尼斯有半天的自由时间，一定要步行逛逛这座城市。相信乘坐水上巴士所看不到的小运河阴影之美会让你惊讶，还能看到市民的生活常态，应该会有新发现。

每条道路都有其不同的表情。“千年之都”的梦幻般的美景，因为小运河和小巷子变得更有深度和韵味。

首先从圣马可广场北侧走到里亚托桥的墨瑟里亚大街（Via Mercerie）看看吧。道路虽然狭窄，但这里是名牌店和专卖店林立的购物街。一家家个性十足的店铺，让你看不够。圣马可广场西到22马索大街也是购物街。如果想找带有威尼斯味道的礼物，还可以去里亚托桥上的商店逛逛。

背对着圣马可过里亚托桥后，有很多面向平民的餐馆和酒吧。建议傍晚的时候来到这一带散步。

喜欢艺术的人，不妨去下学院美术馆。这里展出了掀起文艺复兴文化一大潮流的威尼斯派画家们的很多代表作品。载入14—18世纪美术史册的名册一定要看看。此外，还有很多可以入内参观的贵族宫殿，如内部是18世纪美术馆的雷佐尼科宫、内部是东方艺术美术馆的佩萨罗宫。

热闹的墨瑟里亚大街

跨在小运河上的桥

专业导游建议

欣赏现代美术的地方

意大利有很多中世纪以后的建筑和美术品，像展出毕加索、克利、蒙德里安等人的现代美术作品的佩吉·古根海姆收藏展这样的专门是现代美术的美术馆在威尼斯也有很多。喜欢现代艺术的话，一定要看看建筑家安藤忠雄将17世纪海关建筑改建而成的蓬德拉多加纳和格拉西宫。

放置有野外雕刻的蓬德拉多加纳

意大利料理·高级

Corte Sconta
Corte Sconta

地图p.101-H 英 英 预

交 从水上巴士1号线Arsenale站步行3分钟
✉ Castello, Calle del Pestrin,388
☎ 041-5227024 营 12:30~14:00、19:00~21:30
休 周日、周一、7月下旬~8月中旬、1/8~2/8
€ €85~

根据鱼市情况每天更换菜单

腌渍的新鲜鱼类。绝不使用冷冻原料

根据当天进货情况决定餐食内容，以此为主。食材全部都是在近海捕捞的。菜品不多，但是味道超群。

意大利料理·高级

Vini Da Gigio
Vini Da Gigio

地图p.103-C 英 英 预

交 从水上巴士1号线Ca d' Oro站步行5分钟
✉ Cannaregio,3628/A ☎ 041-5285140
营 12:00~14:30、19:00~22:30 休 周一、周二、1月三周、8月第三周、1/1、12/25、12/26、12/31 € €60~

精选近海捕捞的新鲜海鲜

煮鱼贝、螃蟹、炸鱿鱼等，全部选用新鲜食材。

前菜拼盘

意大利料理·高级

Alle Testiere
Alle Testiere

地图p.103-H 英 英 预

交 从里亚托桥步行7分钟 ✉ Castello, Calle del Mondo Novo,5801 ☎ 041-5227220
营 12:30~14:00、19:00~22:00 休 周日、周一、8月下旬、12/25~次年1/15 € €65~

当地人也会关注的年轻主厨

使用每天早上购买的新鲜鱼贝烹制的料理好评如潮。虾虎意面，加入生罗勒、

大蒜的蛤蜊等做法简单，味道浓厚。

意大利料理·中级

Al Mascaron
Al Mascaron

地图p.103-H 英 英 预

交 从里亚托桥步行7分钟 ✉ Castello, Celle Lunga S.Maria Formosa, 5225 ☎ 041-5225995 营 12:00~15:30、19:00~22:00
休 周日、12/21~次年1/8 € €25~

分量足，价格又实惠，人气十足

能轻轻松松吃到鱼贝料理的当地人气餐馆。煮鱼贝类等每天一换的前菜拼盘蔬菜满满。

分量十足

意大利料理·中级

Osteria da Alberto
Osteria da Alberto

地图p.103-D 英 英 预

交 从里亚托桥步行8分钟 ✉ Calle Giacinto Gallina Cannaregio,5401 ☎ 041-5238153
营 12:00~15:00、18:30~23:00（简餐是10:30~） 休 1月一周，夏季会休息
€ €30~

当地人常去的休闲餐馆

酒吧兼食堂。可以不拘小节享受美食。既可以点上七八个前菜和小菜喝上几杯，又可以尝试下将鳕鱼干用水泡发加上牛奶制成胶状的鳕鱼泥。

前菜烤蔬菜，里面是腌渍小沙丁鱼

意大利料理 · 中级

Ristoteca Oniga
Ristoteca Oniga

地图p.102–I　英 英 预

交 从水上巴士1/2号线Ca' Rezzonico站步行3分钟　✉ Campo San Barnaba, Dorsoduro,2852　☎ 041–522441（预约）　营 12:00~14:30、19:00~22:30　休 冬季　€ €30~

有露台席位，午餐推荐餐馆

女主厨做的地方料理使用了很多蔬菜，非常健康。想随性吃鱼贝料理的时候来这里吧。

咖啡店

Gran Caffe Ristorante Quadri
Gran Caffè Ristorante Quadri

地图p.103–H　英 英 预

交 圣马可广场内
✉ Piazza San Marco,120　☎ 041–5222105
营 9:00~0:00a.m.（冬季~23:30）　休 无休
餐厅是周一休息　€ €5.70~

夏天的时候在广场还有现场表演

面对着圣马可广场的高级咖啡店。创业是在1755年。还有表演看，可以优雅地享受茶水时间。

咖啡店

Caffe Florian
Caffè Florian

地图p.103–L　英 英

交 圣马可广场内
✉ Piazza San Marco,56　☎ 041–5205641
营 9:00~23:45，周五、周六营业~23:00（冬季~21:00）　休 无休　€ €5.70~

文人 · 艺术家喜爱的有来头的咖啡店

面对着圣马可广场，4~10月有现场表演。1720年创业，是欧洲最古老的咖啡店。店内用绘画装饰，氛围特别优雅。

酒吧 · 餐馆

Harry's Bar
Harry's Bar

地图p.103–L　英 英 预

交 在水上巴士1/2号线San Marco Vallaresso站前
✉ San Marco,1323　☎ 041–5285777
营 10:30~23:00　休 无休　€ €15~（酒吧）

优雅地喝杯咖啡

在纽约也成功开店的希普利亚尼氏经营的高级酒吧。2层是餐馆。

酒吧

Vino Vino
Vino Vino

地图p.103–K　英 英 预

交 从圣马可广场步行5分钟
✉ Ponte delle Veste,2007 / a
☎ 041–2417688
营 11:30~23:00　休 无休　€ €30~

地方料理配红酒

高级的巴罗洛1杯只要€3~就能喝到。柜台处摆放的地方料理下酒菜，可以当场用手指着点菜。

酒吧

Cantina Do Mori
Cantina Do Mori

地图p.103–C　英

交 从里亚托桥步行5分钟
✉ San Polo,429 / a　☎ 041–5225401
营 8:00~19:30　休 周日、节假日
€ €2~（1杯酒）

一杯起售的红酒有100种

创业是在1462年。威尼斯风格的酒吧"bacaro"的代表。柜台处有很多种一口大小的下酒菜。

威尼斯玻璃杯

L' Isola
L'Isola

地图p.103-K

交 从圣马可广场步行5分钟
✉ San Marco,2970 Calle de le Botteghe
☎ 041-5231973 营 10:00~19:30
休 1~3月的周日、1/1、12/25、12/26

想找现代的威尼斯玻璃杯的话来这里

圣马可广场周围有很多有悠久传统的玻璃杯专卖店，这家店就是其中之一。还有世界级作家作品的专卖。现代作家卡洛莫雷蒂的形状好看的玻璃杯一个约€85。还可以发往国内。

面具

Tragicomica
Tragicomica

地图p.102-F

交 从水上巴士1/2号线S.Toma站步行10分钟
✉ Calle dei Namboli-San Polo, 2800
☎ 041-721102
营 10:00~19:00 休 11~12月的周日

店内满满的都是面具

这家店的面具在歌剧公演的时候会使用。价格的话普通的面具Bauta€12以上。

威尼斯玻璃杯工坊

Ferro&Lazzarini
Ferro & Lazzarini

地图p.110-A

交 在水上巴士3、4.1、4.2号线Navagero站前
✉ Fondamenta Andrea Navagero,75
☎ 041-739299
营 9:00~16:30 休 无休

可以参观的玻璃杯工坊

位于玻璃杯工坊聚集的穆拉诺岛的工坊兼陈列室。参观基本都是小团队预约，人不多的时候当天也可以参观。观摩过经验丰富的玻璃杯工匠的工作之后，可以在2楼的店铺找找带回去的礼物。

蕾丝

Kerer
Kerer

地图p.103-H

交 从圣马可广场步行5分钟
✉ Palazzo Miari-Calle Canonica, 4328A-3417 ☎ 041-5235485 营 10:00~18:00
休 周日、1/1、12/25、12/26

沉醉于正宗的蕾丝、刺绣

这是一家蕾丝制品专卖店，采用的是在叫作“Fusello”的木制编织工具上挂上线进行编织的传统制法。网眼细小而好看的蕾丝，质感纤细，仿佛艺术品一样。

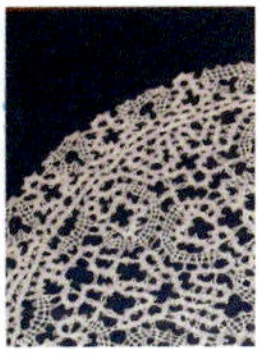

浮雕工艺品

Sanzogno Gallery
Sanzogno Gallery

地图p.103-H

交 从圣马可广场步行5分钟 ✉ San Marco Calle Canonica, 338 ☎ 041-5228877
营 9:30~19:30，周日、节假日营业到19:00，11~次年3月营业到18:30 休 1/1、12/25、12/26

种类繁多的浮雕工艺品专卖店

店内是清一色的浮雕工艺品。从传统的设计到搭配花和天使的现代作品，应有尽有。挑选浮雕工艺品的话要在这样的专卖店里。

文具

Il Papiro
Il Papiro

地图p.103-H

交从圣马可广场步行5分钟
✉Calle delle Bande, 5275 ☎041-5223648
营9:30~20:00，11~次年4月10:30~19:00
休1/1、12/25、12/26

找大理石纸和玻璃制文具的话来这里

这是一家卖大理石纸做的便签、信封、记事本的高级文具店。总店在佛罗伦萨，威尼斯有3家店。

凸版胶印约€14，玻璃笔€18

蕾丝

Emilia
Emilia

地图p.110-A

交从水上巴士12号线Brano站步行10分钟
✉Piazza Galuppi, 205 ☎041-735299
营9:30~18:30 休无休

布拉诺岛上的代表性蕾丝店铺

蕾丝发源地布拉诺岛上现在也已经不多的手工蕾丝专卖店。据说文莱的王族和好莱坞明星都是这里的顾客。与礼品店的便宜货相比的话价格稍微高点，但是质量杠杠的。

现在也是女工匠编织。手帕约€30起

名牌店

Gucci
Gucci

地图p.103-H

交从圣马可广场步行3分钟 ✉Piazza San Marco, 258 ☎041-5229119 营10:00~19:30，周日・节假日~19:00 休1/1、12/25

能买到很多人气产品的一般不为人知的好地方。

名牌店

Bottega Veneta
Bottega Veneta

地图p.103-L

交从圣马可广场步行3分钟 ✉Calle Vallasso, 1337 ☎041-5228489 营10:00~19:30，周日・节假日10:30~19:00 休1/1、12/25、12/26

使用意大利风格的个性材料和缝制方法制作的包包、小物件。

名牌店

Fendi
Fendi

地图p.103-K

交从圣马可广场步行3分钟 ✉San Marco, 1582 ☎041-2778532 营10:00~19:30，周日・节假日10:30~19:00 休1/1、12/25

适合女性的设计广受好评。从衣服到人气包包都有。

名牌店

Bruno Magli
Bruno Magli

地图p.103-H

交从圣马可广场步行3分钟 ✉San Marco, 1302 ☎041-5227210 营10:30~19:30，周日・节假日~18:30 休1/1、12/25、12/26

时尚、质量上乘、高雅的鞋子和凉鞋很有人气。

名牌店

Dolce & Gabbana
Dolce & Gabbana

地图p.103-H

交从圣马可广场步行2分钟 ✉Piazza San Marco, 223/226 ☎041-5209991 营10:00~ 19:30（冬季营业~19:00） 休1/1、12/25、12/26

款式新颖、颜色鲜艳、轻盈、简单的包包很有人气。

圣马可广场周边

格瑞提皇宫酒店
Gritti Palace

地图p.103-K ★★★★★

交 乘坐1号水上巴士在Santa Maria degli Giglio站下船，步行2分钟 € T €460~
☎ 041-794611 FAX 041-5200942
✉ Campo S.Maria del Giglio, 2467
HP http://www.thegrittipalace.com/

威尼斯鲍尔酒店
Hotel Bauer Venezia

地图p.103-K ★★★★★

交 从圣马可广场步行5分钟
€ T €254~
☎ 041-5207022 FAX 041-5207557
✉ San Marco, 1459
HP http://www.bauervenezia.com/（英语）

达涅利酒店
Danieli

地图p.101-G ★★★★★

交 从圣马可广场步行3分钟
€ T €290~
☎ 041-5226480 FAX 041-5200208
✉ Riva degli Schiavoni, 4196
HP http://www.danieli.hotelinvenice.com/（英语）

威尼斯大都市酒店
Metropole

地图p.101-H ★★★★

交 从水上巴士S.Zaccaria站步行5分钟
€ T €176~
☎ 041-5205044 FAX 041-5223679
✉ Riva degli Schiavoni,4149, 41
HP http://www.hotelmetropole.com/（英语）

摩纳哥大运河酒店
Monaco & Grand Canal

地图p.103-L ★★★★

交 从水上巴士圣马可广场站步行3分钟
€ T €167~
☎ 041-5200211 FAX 041-5200501
✉ S.Marco, 1332
HP http://www.hotelmonaco.it/（英语）

威尼斯威斯汀酒店
Westin Europa & Regina

地图p.103-K ★★★★

交 从圣马可广场步行2分钟
€ T €235~
☎ 041-2400001 FAX 041-5231533
✉ Callo Barozzi S.Marco 2159, Canal grande
HP http://www.westineuropareginavenice.com/

威尼斯安缇卡帕纳达酒店
Antico Panada

地图p.103-H ★★★

交 从圣马可广场步行7分钟
€ T €72~
☎ 041-5209088 FAX 041-5209619
✉ Calle Spettieri San Marco, 646
HP http://www.hotelpanada.com/（英语）

阿尔雄酒店
Alcyone

地图p.103-H ★★

交 从圣马可广场步行5分钟
€ T €80~
☎ 041-5212508 FAX 041-5212942
✉ Calle dei Fabbri San Marco, 4712
HP http://www.hotelalcyone. com/

里亚托桥周边

里亚托酒店
Rialto

地图p.103-H ★★★★

交 位于里亚托桥前
€ T €99~
☎ 041-5209166 FAX 041-5238958
✉ Riva del Ferro, 5149
HP http://www.rialtohotel.com/（英语）

斯堪堤那威亚酒店
Hotel Scandinavia

地图p.101-G ★★★

交 从圣马可广场步行5分钟
€ T €90~
☎ 041-5223507 FAX 041-5235232
✉ Campo S. Maria Formosa, Castello,5240
HP http://www.scandinaviahotel.com/

火车站周边／丽都岛

威尼斯丽都精益酒店
Excelsior Venice Lido

地图p.110-A、p.111 ★★★★★

交 乘坐1号水上巴士在丽都岛站下船，步行20分钟
€ T €230~ ☎ 041-5260201
FAX 041-5267276
✉ Lungomare Guglielmo Marconi, 41
HP http://www.hotelexcelsiorvenezia.com/

威尼斯卡尔顿大运河酒店
Carlton & Grand Canal

地图p.102-A ★★★★

交 从Santa Lucia站步行2分钟
€ T €94~ ☎ 041-2752200
FAX 041-2752250
✉ Santa Crocel, 578
HP http://www.carltongrandcanal.com/

酒店客房内提供保险柜　大厅Wi-Fi免费　客房内Wi-Fi免费　客房内Wi-Fi收费
※旅游淡季时的最低房费。同时须支付旅居税。

米兰

MILANO 地图p.6-A

米兰是意大利最大的商业都市。这里有壮丽的杜奥莫、世界遗产列奥纳多·达·芬奇的作品《最后的晚餐》等，华丽又充满商业气息。

符合“商业之都”称号的华丽拱廊商店街

ACCESS **去往米兰**

飞机▶从国内直飞的航班12小时~12小时40分钟。**马尔彭萨机场→米兰市内** 乘巴士40~50分钟。

i 观光咨询处

米兰中央车站 ✉Milano Centrale

营 9:00~18:00（周日·节假日~13:00、14:00~17:00）

城市概况

伦巴第大区的首府米兰，是仅次于罗马的意大利第二大城市。

城市始建于公元前4世纪，很古老，公元前3世纪在罗马帝国的统治下奠定了城市根基。从中世纪后期到文艺复兴时期，在两大贵族的统治下，贸易、农业、手工业实现了飞速发展。米兰的象征杜奥莫，就是维斯康蒂家族用生命建筑起来的。

15世纪到16世纪统治米兰的斯福尔扎家族保护艺术，资助列奥纳多·达·芬奇、建筑家布拉曼特等进行艺术创作。

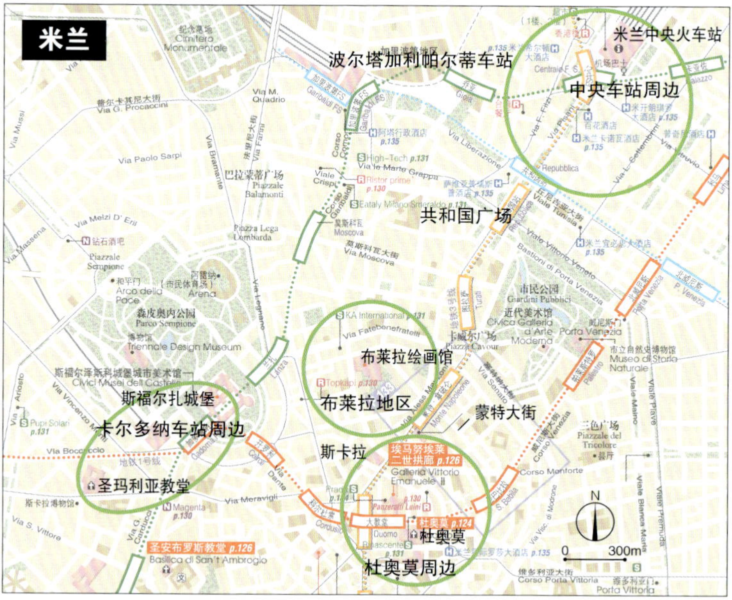

《最后的晚餐》等一级艺术作品，就是在这个时期的米兰诞生的。

◆**意大利经济 · 商业中心**

现代的米兰是时尚、设计、室内装饰的信息的发源地。与巴黎、纽约同样级别的世界最大型时装秀“米兰时装周”就在这里举办。蒙特拿破仑大街周边，名店云集。

领主曾经的住所斯福尔扎城堡

观光亮点

城市的中心在杜奥莫广场一带。埃马努埃莱二世拱廊、歌剧殿堂斯卡拉剧院、名牌店鳞次栉比的蒙特 · 拿破仑大街，看点全部集中在此。因达 · 芬奇壁画《最后的晚餐》而出名的恩宠圣母教堂、文艺复兴时期的城堡斯福尔扎城堡位于杜奥莫的西北方向，从杜奥莫乘坐地铁即可到达。

喜欢美术的人，不要错过收藏意大利绘画名作的布莱拉画廊。从斯卡拉剧院到布莱拉画廊的布莱拉大街上，有很多画廊以及有品位的杂货店。

◆**米兰料理**

米兰地处肥沃的伦巴第平原，是意大利最大的大米产地。用大米制作的肉汁烩饭、薄而大的肉排等是这里的名吃。

model plan

基本上是停留2天

推荐旅游线路

※介绍下午（14点左右）到达的旅行计划

第1天

PM

● **入住酒店**

放下行李，市内观光。

● **市内观光**

参观完杜奥莫、埃马努埃莱二世拱廊、斯卡拉剧院等之后，欣赏列奥纳多 · 达 · 芬奇的最佳杰作《最后的晚餐》。

● **品尝米兰料理**

品尝一下米兰风味的炸肉排、肉汁烩饭等地道的米兰料理。

满是名牌的购物街

第2天

AM

● **退房**

用完早餐后退房，将行李寄存起来，在酒店周围散散步。

● **购物**

在蒙特 · 拿破仑大街周边以及文艺复兴百货商店等选购米兰特色的创意小物件和时尚产品。

● **去往下一个城市**

拱廊商店街

市内交通

米兰的地铁相当发达。现在还在延长线路，观光时使用非常便利。地铁不到的地方可以乘坐电车或者出租车。

地铁 Metropoloitana

票价：单次票€1.50

地铁有1~3号线、5号线这4条线路，覆盖了绝大部分值得一去的地方。5号线已部分开通，另有4号线和6号线在规划中。5号线装有安全的屏蔽门。

1号线红色，2号线绿色，3号线黄色，5号线紫色，连接线蓝色，不同颜色代表不同线路。地铁站的标志是红地M字。

◆便利的线路

方便观光和购物的线路是连接中央车站和杜奥莫、蒙特拿破仑大街的3号线。去往布莱拉美术馆也是乘坐3号线。连接杜奥莫和圣巴比亚的1号线，去购物、去《最后的晚餐》所在的教堂、去斯卡拉剧院的时候可以乘坐。2号线可以在参观中央车站和《最后的晚餐》、去往运河地区的时候乘坐。

◆票的种类

单次票是€1.50，24小时票是€4.50，2日票是€8.25。单次票以外的票券，可与电车、巴士通用，如果在有效时间（电车、巴士的话只要在有效时间内可多次乘坐，但是地铁只能乘坐一次）内可以相互换乘。如果是两天一晚乘坐四次的话，24小时票比较划算。购票方法跟罗马一样。

往检票机里放入地铁票，门自动开启

◆乘车方法

在检票口从亮绿灯的闸口进去。将票放入自动检票口，门会自动打开。出口处的检票口不会收回票券，票还会再出来。

地铁票。
券面设计都一样

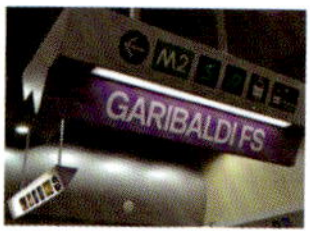

换乘标识易懂

出租车 Taxi

价格：基础费用€3.30

跟其他城市一样，基本上是没有流动的出租车，要么在出租车乘车站乘坐，要么在餐馆麻烦人家叫车。

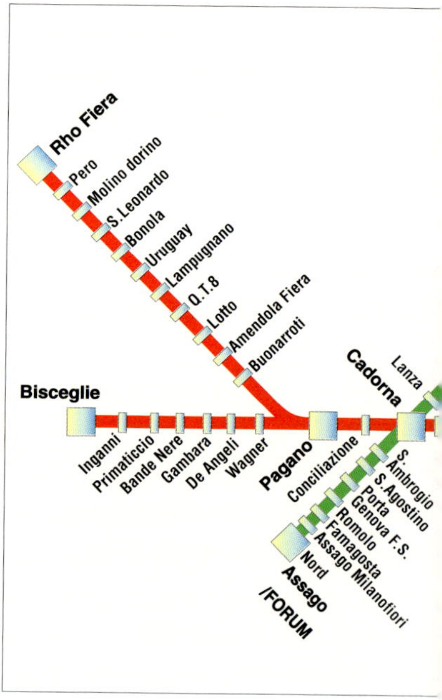

◆**计价方式**

基础费用是€3.30。每1km加€1.09。周日、节日的时候是€5.40，21点~第二天早上6点这段时间是€6.50的起步价。有行李箱的话，一个行李箱加€1.03。

电车 Tram

票价：单次票€1.50

电车穿梭于米兰市内，方便市民出行，但是因为路线复杂，要想运用自如还是有点难度的。与地铁、巴士票通用，有效时间90分钟。上车后请不要忘记马上在车票上刻印。如果不刻的话，检票的时候要交罚金。

市民喜欢乘坐的电车

巴士 AutoBus

票价：单次票€1.50

从市中心去郊区的车较多，路线也比较复杂。持巴士票可乘坐地铁、电车。跟电车票一样，上车后需要马上在车票上刻印。单次票的有效时间是90分钟。

市中心的巴士停靠站也有这个样子的

米兰地铁路线图

米兰
Milano
0 300m
N
佛罗伦萨广场
Pza. Firenze
Via Cenisio
纪念墓地
Cimitero
Monumentale
Via Monviso
Via G. Gattamelata
达米亚诺教堂广场
Piazzale Damiano Chiesa
森皮奥内大街
Corso Sempione
Via Poliziano
Via Mussi
普尔卡其尼大街
Via G. Procaccini
Via M. Quadri
法里尼大街
Via Farini
Via Bramante
Via Paolo Sarpi
德莫德索拉
巴拉蒙蒂广场
Piazzal Balamon
德莫德索拉广场
Largo Domodossola
Via Melzi D' Eril
Piazza Lega Lombarda
菲莱米拉市
Fieramilano City
钻石酒吧
Via Massena
Piazzale Sempione
去往梅阿查足球场方向
约翰内斯23世广场
Pza. Giovanni X X III
Via Ippolito Nievo
和平门
Arco della Pace
阿雷纳
（市民体育场）
Arena
Via Legnano
菲耶拉
Amendola Fiera
森皮奥内公园
Parco Sempione
朱利奥凯撒广场
Piazzale Giulio Cesare
博物馆
Triennale Design Museum
Via Monte Rosa
斯福尔泽斯科城堡城市美术馆
Civici Musei del Castello
马里奥帕加诺大街
Via Mario Pagano
Via Ariosto
Via Vincenzo Monti
斯福尔扎城堡 p.126
Castello Sforzesco
邦纳罗蒂
Buonarroti
Pupi Solari
p.131
北站
Staz. Nord
加多鲁纳
Cadorna FN
开罗利
Cairoli
地铁1号线
瓦格纳
Wagner
帕加诺
Pagano
Via Rasori
Conciliazione
协和
Via Boccaccio
地铁1号线
《最后的晚餐》（圣玛利亚感恩圣母教堂）p.125
Chiesa di Santa Maria delle Grazie
安杰利
De Angeli
皮埃蒙特广场
Piazza Piemonte
维尔切利大街
Corso Vercelli
马杰塔大街
Corso Magenta
Via Meravigli
斯卡拉博物馆
Magenta
p.130
Via Elba
Via S. Vittore
Via G. Carducci
圣安布罗斯教堂 p.126
Basilica di San't Ambrogio
华盛顿大街
Viale G. Washington
Via Sardegna
列奥纳多·达芬奇科学技术博物馆
Museo Nazionale della Scienza e della Tecnica, Leonardo da Vinci
圣安布洛齐
S. Ambrogio
阿米思齐大街
Via Edmondo De Amicis
Buon Gusto p.129
Via Torino
Via California
Via G. Dezza
Viale Coni Zugna
Via Olona
地铁2号线
Kitchin
p.132
Viale S. Agostino
阿戈斯蒂诺
大圣老楞佐教堂
Basilica di San Lorenzo Maggiore
Via Boni
Papiniano
Via Vincenzo Foppa
Via Cola di Rienzo
罗萨里奥广场
Pza. Rosario
Corso Porta Genova
Viale G. d' Annunzio
波尔塔·提齐内塞大街
Corso Porta Ticinese
Via Andrea Solari
Via Bergognone
波尔多杰诺瓦站
Staz. Genova
波尔多杰诺瓦
Porta Genova F.S.
Ticinese门
Porta Ticinese
Viale Gorizia
拿坡里广场
Pza. Napoli
纳维利奥
Alzaia Naviglio Grande
塞尼加尼亚市
纳比利奥达拉德市
Naviglio地区
Naviglio
Via Tortona
A
B
E
F
I
J

米兰广场
吉欧雅大街
Via M. Gioia
超市
（1楼、2楼）
香港楼
米兰中央火车站
Staz. Centrale
da Salvatore p.129
洛雷托广场
Piazzale Loreto
去往皮奥拉站
加里波第地区
p.135 米兰希尔顿大酒店
Centrale F. S.
中央站
机场巴士
卡亚佐
Caiazzo
洛雷托
Loreto
加里波第站
Staz. Porta Garibaldi
加里波第FS
Garibaldi FS
乔亚
Gioia
台湾餐厅
多利亚大酒店 p.135
米开朗琪罗大酒店 p.135
百花酒店
米兰卡诺瓦酒店
p.135
普奇尼酒店
波波洛酒店
阿塔行政酒店
p.135
Via Liberazione
Via F. Filzi
Via Pisani
Via L. Settembrini
Via Vitruvio
Croso Buenos Aires
Corso Como
High-Tech p.131
Via le Marte Grappa
Ristor prime
p.130
萨维亚普瑞斯普酒店 p.135
共和国站
Repubblica
利马
Lima
布诺斯·阿莱斯大街
普利尼奥大街
Via Plinio
阿布鲁茨大街
Viale Abruzzi
Corso Garibaldi
Eataly Milano Smeraldo p.131
莫斯科瓦
Moscova
共和国广场
Pza. della Repubblica
共和国站
Repubblica
瓦尼吉亚大街
Viale Tunisia
米兰宜必思大酒店
p.135
莫斯科瓦大街
Via Moscova
Viale Vittorio Veneto
Bastioni di Porta Venezia
北威尼斯
Porta Venezia
P. Venezia
市民公园
Giardini Pubblici
近代美术馆
Civica Galleria d'Arte Moderna
威尼斯门
Porta Venezia
地铁3号线
图拉萨
Turati
Viale Regina Giovanna
阿斯科利广场
Piazza Ascoli
KA International p.131
Via Fatebenefratelli
卡威尔广场
Piazza Cavour
市立自然史博物馆
Museo di Storia Naturale
帕莱斯特罗
Palestro
Via nino Bixio
布莱拉画廊 p.127
Pinacoteca di Brera
Topkapi p.130
P.133
Via Aless Manzoni
蒙特·拿破仑
Monte Napoleone
塞特纳大街
Via Senato
Viale Maino
Viale Piave
诺韦利广场
Pza. Novelli
波尔迪·佩佐利美术馆
Museo Poldi Pezzoli
三色广场
Piazzale del Tricolore
威尼斯大街
Corso Venezia
斯卡拉歌剧院 p.126
Teatro alla Scala
埃马努埃莱二世拱廊 p.126
Galleria Vittorio Emanuele II
县厅
Corso Indipendenza
达特奥
Dateo
Viale dei Mille
米勒大街
Corso Monforte
三色广场
Piazzale del Tricolore
Prada
p.134
p.130
Panzerotti Luini
圣巴比拉
S. Babila
Via Visc. di Modrone
Viale Bianca Maria
Viale Premuda
杜索
Cordusio
大教堂
Duomo
杜奥莫 p.124
Duomo
伊鲁萨巴杰特餐厅
Rinascente
p.131
米兰星际罗莎大酒店 p.135
意大利商店
五日广场
Piazzale Cinque Giornate
王宫
Palazzo Reale
维多利亚大街
Corso Porta Vittoria
维多利亚门
Porta Vittoria
3月22日大街
Corso XXII Marzo
海军公园
Largo Marinai d'Italia
Via Mazzini
Via Larga
弗朗西斯科斯福萨大街
Via Francesco Sforza
法院
Palazzo di Giustizia
Viale Monte Nero
米苏里
Missori
米兰布鲁内列斯基酒店 p.135
Via San Barnaba
艾特罗SPA
维多利亚站
Staz. di Porta Vittoria
Via A. Anfossi
Peck Main Store p.132
安布罗西亚纳画廊 p.126
Pinacoteca Ambrosiana
医院
Policlinico
斯帕尔塔科大街
Via Spartaco
Armi
索菲亚大街
Via S. Sofia
Via Alf. Lamarmora
马蒂尼广场
Piazzale Martini
克罗切塔
Crocetta
罗马大街
Croso. di Porta Romana
Via Bergamo
Via Cadore
Viale Lazio
Via Comelico
意大利大街
Cors Italia
Via Quadronno
Vigentina
Croso Porta
卡达拉大街
Viale Caldara
萨特罗大街
利比亚广场
Piazzale Libia
Via G. Vasari
翁布利亚大街
Viale Umbria
Viale Beatr. d' Este
p.135 维斯康蒂皇宫豪华酒店
罗马门
Porta Romana
Via L. Muratri
Viale Bligny
Viale Sabotino

米兰市区

Milano

从米兰中央车站到杜奥莫周边和圣安布罗斯教堂一带的米兰市中心，汇集了米兰大多数值得一看的地方。从米兰中央车站到杜奥莫乘地铁就可以直达，非常方便。

杜奥莫

Duomo

地图p.123-G

交 从地铁Duomo站步行1分钟
营 7:00~18:40；屋顶平台9:00~18:00，5/9~9/13的周五、周六~21:00；宝库9:30~13:00，14:00~18:00 € 屋顶平台€7（走楼梯），€12（乘电梯）5/1、12/25不开放

杜奥莫可以说是米兰的标志，也是意大利最大的哥特式建筑。1386年，当时的米兰公爵乔万·加利佐·维斯康蒂用性命换来了杜奥莫修筑工程的开端。维斯康蒂死后，19世纪在拿破仑的指挥下正面部分完工，1887年尖塔建成。整个工程从开工到完工，前后历经了500年。

宽93m，长158m，作为教堂建筑规模之大仅次于罗马的圣彼得大教堂。这是一座典型的哥特建筑，外有耸立的135座尖塔和2245尊雕像，令人叹为观止。外部装饰用的白色大理石在阳光的作用下，慢慢变成淡粉色和紫色。

内部由52根支柱撑起，透过彩绘玻璃照进来的微光装饰着这巨大的内部空间，可谓庄严。地下礼拜堂的旁边有个宝库Tesoro，展示着14~17世纪的金银饰品。建筑物正面附近的楼梯下有个储存砖的空间，那里是杜奥莫的前身圣特克拉教堂的遗址。

时间允许的话，走楼梯或者乘电梯去屋顶平台看看吧。在宽敞的屋顶平台，可以近距离看到美丽的尖塔和雕像，米兰的街景也能一览无遗。

屋顶平台

刺破长空般矗立的尖塔有135座。乘电梯，或者走158级楼梯可以上到屋顶平台，在那儿可将米兰的城区尽收眼底。复杂的八角形的圆天顶也值得留意。

注意 中央的尖塔

位于屋顶平台中央的最高的108m的尖塔，是1765~1769年修的。顶端是被称为Madonnina（对圣母玛利亚的亲切称呼）的4m高的黄金玛利亚像。

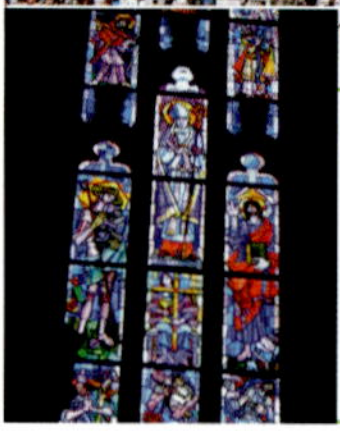

注意 后方的彩绘玻璃

杜奥莫的内部，15~16世纪完成的欧洲最大的彩绘玻璃特别惹人注意。玻璃上描绘的是旧约圣经、新约圣经、默示录的故事。听说玻璃曾因拿破仑的加冕仪式的礼炮而被震得粉碎。

注意 入口的大门

正面并排有5扇青铜大门。每扇门都有一个不同的主题，中间那扇比两层楼还高的大门，刻着圣母玛利亚的一生。

《最后的晚餐》
Cenacolo Vinciano

地图p.122-F

交 从地铁1/2号线Cadoma站步行9分钟
营 8:15~18:45，周一不开放 € €8（含预约费）周二~周日的8:00~18:30可以预约。拨打02-92800360（意大利国内、海外都是拨打这个号码）告知您的姓名、国籍、希望日期和时间申请预约。请最晚在预约时间前20分钟到教堂的售票处领票。每拨客人参观时间是15分钟，只接受预约

圣玛利亚感恩教堂，因为列奥纳多·达·芬奇的最佳杰作《最后的晚餐》而闻名。

《最后的晚餐》是43岁的列奥纳多于1495年开始着手创作、历时3年完成的壁画。这幅壁画不是当时流行的湿壁画，而是用油画颜料与蛋彩混合绘制的。因此作品损坏得很厉害，长达20年的清洗修复工作于1995年结束。

这幅作品描绘的是耶稣在晚餐席上谈论叛徒存在的情景。画中因为耶稣的言论，他的12名使徒感到吃惊动摇。作品采用的远近法，将绘画任务分为4个小组，左右对称的构图令画面产生跃动感，在当时可以说是一个划时代的创作。

小知识

面包下面出现鱼料理

第二次世界大战时，画前堆积了沙袋对画作进行了保护，使得这面墙奇迹般地幸免于难，但是，由于后期的润色和污渍损伤很厉害。经过约20年的修复工作，发现了原本紧闭着的耶稣的嘴其实是微微张开着的，污渍下面出现鱼料理（当时，鱼暗喻基督教信徒）等新的事实。难道达·芬奇的画里隐藏的暗号竟然是……

到如今，关于这幅画，人们也还是有着各种不同的解释。

彼得

亚勒腓的儿子雅各 坐在最左侧的位置，看着像抻长脖子想再听一遍的样子。

安德烈 彼得的弟弟。表情僵硬，张开双手放在胸前，一副难以置信的样子。

达太

犹大 因为30枚银币而背叛了耶稣。右手藏在口袋里，表情无法分辨。

约翰 听过耶稣的话后，闭着眼睛祈祷。传说是耶稣最爱的弟子。

耶稣 坐在最中间，对着12个弟子说："你们中间有人背叛了我。"

多马 竖起右手的食指，像是在说"我们当中有一个叛徒？"

腓力 两手放在胸前像是在询问什么，一脸苦恼的样子面对着耶稣。

雅各 使徒约翰的哥哥。张开着双臂，像是在表达自己的困惑和惊讶。

巴多罗买

天真的西门 盯着其他使徒看、伸出手的是《路加福音》里的热心人西门。

马太 在跟其他使徒说话，但是手是对着耶稣那个方向。

预约网站：http://www.vidaticket.it/（英语）

斯卡拉歌剧院
Teatro alla Scala

地图p.123-G

交 从地铁1/3号线Duomo站步行5分钟 营 斯卡拉博物馆/9:00~12:30,13:30~17:30（入馆需在闭馆前30分钟），1/1、复活节、5/1、8/15、12/7、12/24~26、12/31不开放 € €6

斯卡拉歌剧院是1778年奉米兰公爵之命建的一座新古典主义样式的歌剧院。名字由来是维斯康蒂家族的妃子斯卡拉。第二次世界大战期间曾被烧毁，后根据设计图复原了。二楼的斯卡拉歌剧院博物馆展出威尔第的钢琴、亲笔谱写的乐谱和歌剧服装等。

曾上演过很多名作的斯卡拉歌剧院

埃马努埃莱二世拱廊
Galleria Vittorio Emanuele II

地图p.123-G

交 从地铁1/3号线Duomo站步行1分钟

连接杜奥莫广场和斯卡拉歌剧院的全长200m的拱廊。由建筑家朱塞佩·皮耶尔马里尼设计，于1877年建成。中央十字路的天顶上是描绘四大陆的湿壁画，地上铺的是多色马赛克。拱廊内有很多名牌店和咖啡店。

小知识

谜？！ 在拱廊中央转圈

拱廊中央的地面上有《幸福之牛》的浮雕，传说脚跟踩着浮雕转一圈就能带来幸福。那么，应该踩着牛的哪个部位呢？

答案是最凹下去的地方（牛的局部）。

还有一个说法是会再次回到米兰

四大陆之一，代表非洲的湿壁画

安布罗西亚纳画廊
Pinacoteca Ambrosiana

地图p.123-K

交 从地铁1/3号线Duomo站步行5分钟
营 10:00~17:30，周一、1/1、复活节、5/1、12/25不开放 € €8

卡拉瓦乔的《水果篮》、波提切利的《华盖圣母》、达·芬奇的《音乐家》等，文艺复兴时期的很多名画都在这里展出。

斯福尔扎城堡
Castello Sforzesco

地图p.122-F

交 从地铁1号线Cailoli站步行1分钟
营 美术馆/9:00~17:30（入馆截止时间17:00），周一、1/1、复活节第二天的周一、5/1、12/25不开放 € €5

14世纪维斯康蒂家族建的城堡经斯福尔扎家族改建成城塞。建筑过程达·芬奇和布拉曼特也有参与。城内有考古学博物馆和市立美术馆。

主塔左右两侧是长长的城墙壁

圣安布罗斯教堂
Basilica di Sant'Ambrogio

地图p.122-F

交 从地铁2号线Sant'Ambrogio站步行5分钟
营 10:00~12:00、14:30~18:00（周日是15:00~17:00），全年无休，免费

这座建筑讲究平衡，被认为是罗马式建筑的杰作。

创建要追溯到4世纪

布莱拉画廊
Pinacoteca di Brera

地图p.123-G

交 从地铁3号线Monte Napoleone站步行8分钟

营 8:30~19:15（入馆截止时间18:40），周五是~21:15（入馆截止时间20:40）

周一、1/1、5/1、12/25休

€ €9

这里收藏了15~19世纪的以伦巴第派和威尼斯派为主的文艺复兴绘画的杰作。这里曾是耶稣会的教育设施，现在是布莱拉美术大学的附属美术馆。藏品的大多数都是拿破仑统治时期从整个意大利的教堂和宫殿中收集过来的。庭院里有雕塑家卡诺瓦的作品《拿破仑一世的雕像》。

二楼的展厅分为38间展室，展出的绘画作品多达500多幅。展示了曼坦尼亚的《死去的基督》、乔凡尼·贝利尼的《圣母怜子》、克里韦利的《蜡烛圣母》、丁托列托的《圣马可遗体的发现》等以及威尼斯派文艺复兴时期的绘画和拉斐尔、鲁本斯等的作品。

第6展厅

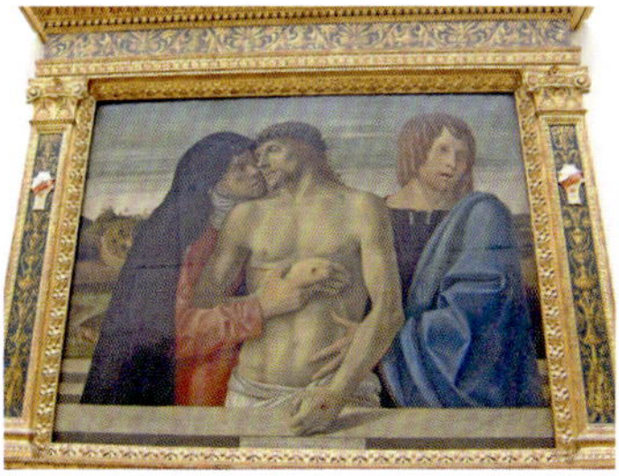

乔凡尼·贝利尼的作品《圣母怜子》

在贝利尼的多幅作品中《圣母怜子》尤为出色。充满悲伤的玛利亚的表情令人印象深刻。

乔凡尼·贝利尼的作品《圣母怜子》

文艺复兴时期的画家贝利尼的令人感觉到人情味和亲切感的圣母像。

曼坦尼亚的作品《死去的基督》

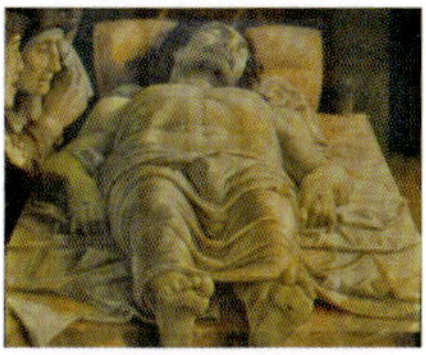

采用远近法的独特构图，巧妙地运用光线将耶稣之死鲜活地表现出来，影响了之后的画家。

第8展厅

贝利尼兄弟的作品《圣马可在亚历山大布道》

绘制柔和的圣母子像的弟弟乔凡尼很有名，擅长都市景观和群像表现的哥哥詹蒂莱也功不可没。

第24展厅

拉斐尔的作品《圣母的婚姻》（部分）

21岁的拉斐尔绘制的作品。图为被选为结婚对象的约翰把戒指交给玛利亚的画面。

受贵族与艺术家青睐
风光明媚的度假胜地

科莫湖地区

R.d.Laghi

地图p.6-A

交 从米兰中央车站到科莫约40分钟路程。到斯特雷萨和德森扎诺都是约1个小时的路程

如果在米兰有半天可以自由支配的时间，不妨去趟科莫湖地区。这个由阿尔卑斯冰川长时间作用形成的湖泊，壮丽的全景图和清凉空气乃其魅力所在，一直以来作为避暑胜地颇具人气。

◆恺撒也钟爱的科莫湖

米兰周边最近的是米兰以北约50km的科莫湖（LAGO DI COMO）。过去曾受到罗马的恺撒以及王公贵族的青睐，现在好莱坞明星们也选择在那里建别墅。观光基地在有游船码头的古罗马广场。从这里乘缆车可到布鲁纳特山的山顶。在山顶上可以俯视科莫湖和群山。

在科莫湖散步的话主要围绕科莫的城区。这里是游船观光的基地，有14世纪末建造的庄严的杜奥莫。清澈美丽的湖水与阿尔卑斯群山编织的山水画可在游船上欣赏到。

回到科莫城区，从加富尔广场步行约20分钟，会到达13~15世纪最辉煌时期统治米兰、出过大人物罗马教皇格雷戈里十世的维斯康蒂家族的别墅奥尔莫别墅。奥尔莫是榆树的意思，曾因为有两棵大榆树而得名。18世纪末建的新古典主义样式的奥尔莫宅邸内部是可以参观的，从庭院里看科莫湖也是绝美的。

从科莫乘游船约15分钟抵达的切尔诺比奥（Cernobbio），是湖畔的度假胜地。这里有由16世纪贵族的公馆改造而

环境幽雅的酒店艾斯特别墅

北意大利的疗养地科莫湖

成的顶级酒店艾斯特别墅，有朝湖而建的令人心情愉悦的餐厅和咖啡店。即使不住宿也可以在此用餐或品茶，一定要去体验一下。

◆典雅的马焦雷湖

靠近瑞士边境的马焦雷湖，是欧洲的王公贵族建造的典雅的避暑胜地。

在作为旅行基地的斯特雷萨（Steasa），建议乘坐游船环游。近距离看看湖心处的博罗梅奥群岛（Isole Borrome）吧。博罗梅奥群岛中最美的是美丽岛，从斯特雷萨乘船只需要5分钟就可到达，可以上岛观光。上岛后，可前往17世纪贵族的宫殿和繁花盛开的庭院参观。据说雕刻、树木、宫殿融为一体的时尚别墅令拿破仑也为之惊叹。3月24日前后到10月20日前后是对大众开放的。

旁边的渔夫岛上有仅在夏天营业的餐厅。博罗梅奥群岛中最大的母亲岛上也有博罗梅奥家族的宫殿（开放时间与美丽岛宫殿一样）。

意大利料理 · 高级

da Salvatore

da Salvatore

地图p.123-D 英 英 预

交 从米兰中央车站（Centrale FS）步行5分钟
✉ Viale Brianza, 35 ☎ 02-6692784
营 12:00~15:00、19:00~22:30
休 周日 € €45~

鱼贝类主打的地道西西里料理

在西西里出生的主厨沙华多利氏的餐馆。奥马尔虾意大利面、卡尔帕乔章鱼等料理，食材之新鲜谁吃谁知道。

品尝正宗的西西里料理

意大利料理 · 高级

Bice

Bice

地图p.133-B 英 预

交 从地铁3号线Monte Napoleone站步行5分钟
✉ Via Borgospesso,12 ☎ 02-76002572
营 12:30~14:30、19:30~22:30
休 周日下午，7、8月的周、六日
€ €50~

高档的传统米兰料理

炸肉排和烩饭是招牌。

米兰风味带骨炸肉排

意大利料理 · 中级

Baretto

Baretto

地图p.133-D 英 英 预

交 从地铁1号线San Babila站步行6分钟
✉ Via Senato, 7 ☎ 02-781255
营 12:45~15:00、19:45~23:00 休 8月
€ €70~

购物的时候午饭可以来这里吃

烩饭、烩牛膝、鱼贝沙拉等都很美味。餐厅在卡尔登酒店内。

意大利料理 · 外卖&酒吧

Il Salumaio

Il Salumaio

地图p.133-D 英 英

交 从地铁3号线Monte Napoleone站步行5分钟 ✉ Via Santo Spirito,10 ☎ 02-784650
营 酒吧8:00~19:00、周一15:00~19:00
休 周日、8月休息2~3周 € €30~

在贵族的宅邸边欣赏庭院风景边用餐

代表米兰料理的高级食材店。在这家餐厅花上€18可以吃到选材讲究的米兰料理。

意大利料理 · 中级

Charleston

Charleston

地图p.133-E 英 英 预

交 从地铁1号线San Babila站步行3分钟
✉ Piazza del Liberty, 8
☎ 02-798631 营 12:00~0:00a.m.
休 无休 € €35~

20多种热气腾腾的美味比萨

用古老的石窑烤制出美味的比萨。除了比萨之外，这里的意大利面也非常美味。该餐厅距离购物中心、超市很近，逛街时可以顺路到这里来用餐。

还有露天席位

意大利料理 · 中级

Buon Gusto

Buon Gusto

地图p.122-J 英 英 预

交 从地铁2号线Sant'Anbrogio站步行10分钟
✉ Via Caminadella,2 ☎ 02-86452479
营 12:00~15:00、18:30~0:00a.m.，周六10:00~15:00、18:00~0:00a.m.
休 周日、周一，8月休息一周 € €35

在开放式厨房做的生意大利面很有人气

刚做好的生意大利面种类很多。家常味道大获人气。

乳蛋饼等也很好吃

意大利料理 · 中级

Bagutta
Bagutta

地图p.133-F 英 英 预

交 从地铁1号线San Babila站步行3分钟
✉ Via Bagutla, 14 ☎ 02-76002767
营 12:00~22:30 休 周日、12/23~次年1/1，8月休息3周 € €50~

轻松品正宗美食

因为能吃到正宗的托斯卡纳料理和博洛尼亚料理，白天很多商务人士来店。博洛尼亚风味肉糜沙司意大利面味道浓厚。

意大利料理 · 中级

Topkapi
Topkapi

地图p.123-G 英 英

交 从地铁1号线Cairoli站步行5分钟
✉ Via Ponte Vetero, 21 ☎ 02-86463708
营 12:00~14:45、19:00~0:45a.m.
休 无休 € €15~（小吃）、€35~（正餐）

分量大、种类多的比萨

比萨种类繁多

比萨食材用料多，广受好评。比萨饼上放入奶酪、火腿，然后折成两半，从中切上一刀能看见里面黏糊糊的奶酪。

外带

Panzerotti Luini
Panzerotti Luini

地图p.123-G 英

交 从Duomo步行3分钟
✉ Via Santa Radegonda, 16
☎ 02-86461917 营 10:00~20:00、周一10:00~15:00 休 周日 € €2.50~

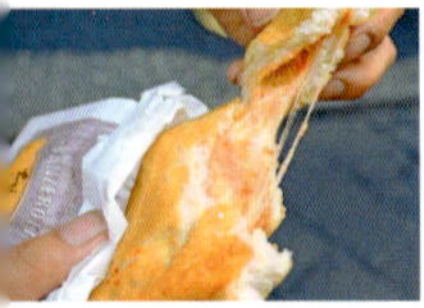
热乎乎的炸面包

卖炸面包的名店

这家店因为油炸带馅面包而有名，在比萨饼中夹入马苏里拉奶酪、火腿和菠菜等馅料油炸而成。

咖啡店

Caffe Cova
Caffè Cova

地图p.133-C 英 英

交 从地铁3号线Monte Napoleone站步行3分钟 ✉ Via Monte Nnapoleone, 8
☎ 02-76000578 营 7:45~20:30
休 周日（12月除外） € €4~

源于1817年的老咖啡店

这是一家环境优雅的咖啡店。甜点的种类很多，喜欢吃甜食的朋友可能会不知选哪个好。盒装的点心带回去做礼物也是极好的。

傍晚之后还可以喝酒

意大利料理 · 中级

Ristor prime'
Ristor prime'

地图p.123-C 英 英

交 从地铁2/5号线Garibaldi站步行5分钟
✉ Viale Francesco Crispi,2 ☎ 02-6550-0923 营 12:00~15:00、19:00~24:00，周六、周日19:00~ 休 1/1白天、12/25、节假日白天 € €30~

二楼也有席位

鱼、肉料理都擅长

在这家创意意大利餐厅，白天的一盘午餐（€10~）超有人气。

酒吧

Magenta
Magenta

地图p.122-F 英 英

交 从Duomo步行15分钟 ✉ Via Carducci, 13
☎ 02-8053808 营 7:30~2:00a.m.（happy hour17:30~21:00） 休 无休 € €15~

伦敦风小酒馆

店里放着一个庞大的啤酒机，宛如伦敦的小酒馆。啤酒有吉尼斯、基尔肯尼等品牌，种类很丰富。

喝够了红酒可以来这里

服装・时尚小件

Pupi Solari
Pupi Solari

地图p.122-F

交 从地铁1号线Conciliazione站步行5分钟
✉ Piazza Tommaseo,2　☎ 02-463325
营 10:00~19:00、周一是15:00开始营业
休 周日、节假日（不定期）、周一上午、8月

品质上等的时装

热那亚的服装公司老板用自己独特的审美挑选出来的一些服装和小物件，都是当季的产品。还有原单童装。

手工缝制的鞋子约€268

食品・杂货

Eataly Milano Smeraldo
Eataly Milano Smeraldo

地图p.123-C

交 从地铁2/5号线Garibaldi站步行5分钟
✉ Piazza XXV Aprile, 10　☎ 02-4949-7301
营 10:00~24:00　休 1/1、8/15、12/25、12/26

经营精选的高品质食材

这是一家食品超市，正在打入都灵、罗马、佛罗伦萨等地市场，同时也在扩大海外店铺规模。米兰的这家店，1层是生鲜食材、冰激凌、甜点类。2~3层是红酒、啤酒、火腿、奶酪、海鲜、肉类的卖场。而且，这家超市还有一个特点，就是各卖场都配有饮食区域，可以在超市里享受美食。顾客们可以好好在这儿吃上一顿，也可以喝点啤酒、吃点小菜填填肚子。

在卖场先做汉堡包。能吃到刚做好的食物也是这家超市的魅力之一

室内装饰・杂货

KA International
KA International

地图p.123-G

交 从地铁2号线Lanza站步行5分钟
✉ Via Pontaccio,3　☎ 02-86451244
营 10:00~14:00、15:00~19:00，周一15:30~
休 周一上午、1/1、12/25、12/26

都市范儿的超有品位的窗帘・小物件

这是一家位于布莱拉地区的布制品专卖店。用上好布料精心制作的靠垫等杂货也很多。

可以发往国内

浴室用品・杂货

High-Tech
High-Tech

地图p.123-C

交 从地铁2号线Moscova站步行7分钟
✉ Piazza XXV Aprile,12　☎ 02-6241101
营 10:30~19:30、周一是13:30开始营业
休 周一上午

米兰特色的厨房杂货和浴室用品

含有香草、蜂蜜等对皮肤很好的天然成分的浴室用品、厨房用品种类繁多。还可以在这里找找带回去的礼物。

欧洲产品集结于此

百货商店

Rinascente
Rinascente

地图p.123-G

交 从地铁1/3号线Duomo站步行1分钟
✉ Piazza del Duomo,3　☎ 02-885221
营 9:30~21:00，周五、周六营业到22:00，周日10:00~21:00　休 无休

适合挑选杂货和日用品

咖啡机、卡布奇诺用牛奶打泡机等种类繁多。若礼物不知道带什么好可以来这里看看。

食材

Peck Main Store

Peck Main Store

地图p.123-G

交 从Duomo步行5分钟
✉ Via Spadari, 9 ☎ 02-8023161
营 9:30~19:30，周一是15:30开始营业，周六是9:00开始营业 休 周日、周一的上午

在这里会找到最适合带回去当礼物的东西

代表米兰食材的高级食材店。1层是食材和副食，2层是酒吧。还可以找到高品质的橄榄油等。

类似于中国的家乐福

食品・酒吧・咖啡店

Parini Drogheria

Parini Drogheria

地图p.133-A

交 从地铁1号线Monte Napoleone站步行2分钟 ✉ Via Borgospesso, 1
☎ 02-36683500 营 8:00~23:00
休 周日、8月休息两周

严格挑选的高级食品和酒吧、咖啡店

在木桶里发酵3年的意大利香醋、少量生产的橄榄油等食材和红酒摆满了货架。

设在酒窖的店铺

厨房用品

Kitchin

Kitchin

地图p.122-J

交 从地铁2号线S.Anbrogio站步行3分钟
✉ Via Edmondo de Amicis, 45
☎ 02-58102849 营 10:00~19:30，周一15:30~ 休 周日・节假日

如果要找真正的厨房用品请到这里来

从多功能调理器具到创意产品应有尽有。还可以享受找料理方面书籍的乐趣。

这里有来自全世界的专业产品

奥特莱斯

Serravalle

Serravalle

地图p.6-A

交 从米兰乘火车约1小时20分钟。也有购物接送车辆，米兰发车时间10:00 ☎ 02-867131（巴士预约） HP http://www.zaniviaggi.it/ ✉ Via della Moda, 1-15069 Serravalle Scrivia ☎ 0143-609000 营 10:00~20:00 休 1/1、复活节、12/25、12/26

名牌汇聚的奥特莱斯

占地面积3.5万平方米的欧洲最大的奥特莱斯。包括Bvlgari、Prada、Ferragamo、Etro、Versace等，有100多家名牌店。还有餐馆和咖啡店，可以花上一天的时间像逛主题公园一样逛这里。

仿18世纪的意大利而建

奥特莱斯

Fox Town

Fox Town

地图p.6-A

交 Zani Viaggi的购物接送车辆从米兰发车。外国人乘车需携带护照
☎ 02-867131（车辆预约） ✉ Via Angelo Maspoli, 18 C41, CH6850 Mendrisio
☎ 41（瑞士）848-828-888 营 11:00~19:00
休 1/1、复活节、8/1、12/25、12/26

瑞士・意大利边境的奥特莱斯

从高端品牌到Nike、Adidas等运动品牌应有尽有。消费瑞士法郎CHF300以上可以免税，约返还6.30%。

上一季的人气产品在这里不到半价就可以买到

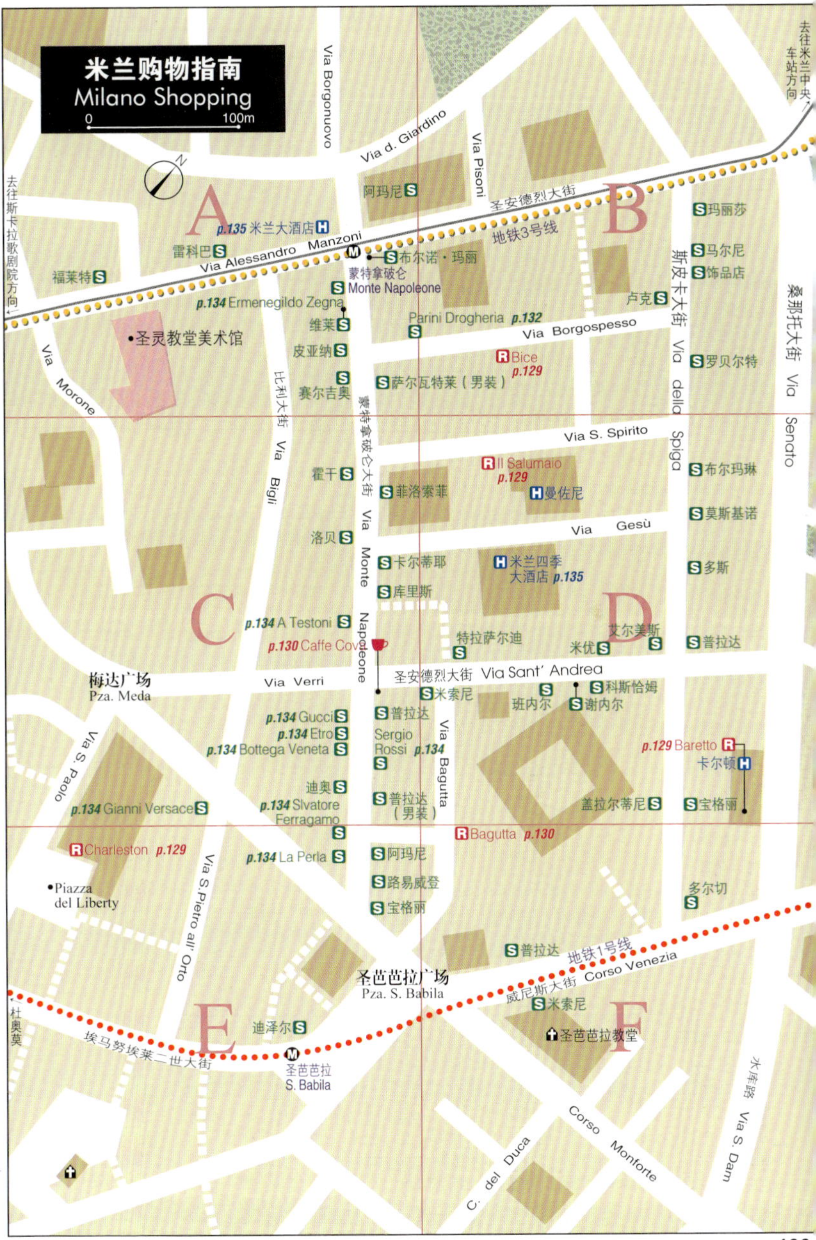

米兰购物指南
Milano Shopping
0
100m
N
A
B
C
D
E
F
去往斯卡拉歌剧院方向
去往米兰中央车站方向
Via Borgonuovo
Via d. Giardino
Via Pisoni
阿玛尼S
圣安德烈大街
地铁3号线
p.135 米兰大酒店H
雷科巴S
福莱特S
Via Alessandro Manzoni
S布尔诺・玛丽
蒙特拿破仑
S Monte Napoleone
p.134 Ermenegildo Zegna
维莱S
皮亚纳S
S
赛尔吉奥
•圣灵教堂美术馆
Via Morone
比利大街
Via Bigli
Parini Drogheria p.132
S
Via Borgospesso
R Bice p.129
S萨尔瓦特莱（男装）
卢克S
斯皮卡大街
Via della Spiga
S玛丽莎
S马尔尼
S饰品店
S罗贝尔特
桑那托大街
Via Senato
Via S. Spirito
R Il Salumaio p.129
H曼佐尼
霍干S
S菲洛索菲
蒙特拿破仑大街
Via Monte Napoleone
S布尔玛琳
S莫斯基诺
Via Gesù
洛贝S
S卡尔蒂耶
H米兰四季大酒店 p.135
S多斯
S库里斯
p.134 A Testoni S
p.130 Caffe Cova
特拉萨尔迪
S
艾尔美斯
米优S
S
S普拉达
梅达广场
Pza. Meda
Via Verri
圣安德烈大街 Via Sant' Andrea
S米索尼
S
班内尔
S科斯恰姆
S谢内尔
p.134 Gucci S
p.134 Etro S
p.134 Bottega Veneta S
S普拉达
Sergio Rossi p.134
S
Via Bagutta
p.129 Baretto R
卡尔顿H
Via S. Paolo
迪奥S
p.134 Gianni Versace S
p.134 Slvatore Ferragamo
S
S普拉达（男装）
盖拉尔蒂尼S
S宝格丽
R Bagutta p.130
R Charleston p.129
p.134 La Perla S
S阿玛尼
S路易威登
S宝格丽
•Piazza del Liberty
Via S.Pietro all' Orto
多尔切
S
S普拉达
地铁1号线
Corso Venezia
威尼斯大街
圣芭芭拉广场
Pza. S. Babila
S米索尼
圣芭芭拉教堂
迪泽尔S
杜奥莫
埃马努埃莱二世大街
M
圣芭芭拉
S. Babila
水库路
Via S. Dam
Corso Monforte
C. del Duca

名牌店

Prada

Prada

地图p.123-G

交从地铁1/3号线Duomo站步行1分钟
✉Galleria Vittorio Emanuele Ⅱ, 63/65
☎02-876979 营10:00~19:30、周日营业到19:00 休1/1、复活节、12/25、12/26

位于拱廊商店街里的总店。从小物件到服装经营范围很广。

名牌店

Gianni Versace

Gianni Versace

地图p.133-C

交从地铁1号线San Babila站步行1分钟
✉Via Monte Napoleone,11 ☎02-76008528
营10:00~19:00 休1/1、复活节、12/25、12/26

楼层有1层到5层，从服装到室内装饰用杂货都能买到。

名牌店

Slvatore Ferragamo

Slvatore Ferragamo

地图p.133-C

交从地铁San Babila站步行1分钟 ✉Via Monte Napoleone,3 ☎02-76000054 营10:00~19:30、周日11:00~ 休1/1、复活节、12/25、12/26

大小仅次于佛罗伦萨的总店。男装店位于20号。

名牌店

Etro

Etro

地图p.133-C

交从地铁1号线San Babila站步行2分钟
✉Via Monte Napoleone,5 ☎02-76005049
营10:00~19:30 休1/1、复活节、12/25、12/26

1层卖包和鞋子，2层是小物件和男装店。

名牌店

A Testoni

A Testoni

地图p.133-C

交从地铁3号线San Babila站步行5分钟
✉Via Monte Napoleone,19 ☎02-76003697
营10:00~19:00 休周日、1/1、12/25、12/26

使用高级皮革制作的多功能鞋、结实的包好评如潮。

名牌店

Bottega Veneta

Bottega Veneta

地图p.133-C

交从地铁3号线San Babila站步行5分钟
✉Via Montenapoleone,5 ☎02-76024495
营10:00~19:00 休1/1、复活节、12/25、12/26

因为使用细长的皮革编织的结实的包而有名。

名牌店

Ermenegildo Zegna

Ermenegildo Zegna

地图p.133-A

交从地铁1号线San Babila站步行3分钟
✉Via Monte Napoleone ,27/E ☎02-7600-6437 营10:00~19:30 休1/1、复活节、12/25、12/26

讲究衣服质地的男装品牌。

名牌店

Sergio Rossi

Sergio Rossi

地图p.133-C

交从地铁3号线Monte Napoleone站步行7分钟
✉Via della Spiga,27 ☎02-76006140
营10:00~19:00 休1/1、复活节、12/25、12/26

引领潮流、款式新颖、穿着舒适的人气鞋店。

名牌店

La Perla

La Perla

地图p.133-E

交从地铁1号线San Babila站步行3分钟
✉Via Monte Napoleone,1 ☎02-76000460
营10:00~19:00 休1/1、复活节、12/25、12/26

优雅内衣的代名词。直营店在米兰仅此一家。

名牌店

Gucci

Gucci

地图p.133-C

交从地铁1号线San Babila站步行2分钟
✉Via Monte Napoleone,7 ☎02-771271
营10:00~19:00 休1/1、复活节、12/25、12/26

1层卖包，地下卖衣服和小物件。隔壁的隔壁是男装店。

米兰中央火车站周边

米兰卡诺瓦酒店
Hotel Canova

地图p.123-D ★★★★

交 从米兰中央火车站步行5分钟
€ T €67~
☎ 02-66988181 FAX 02-66713433
✉ Via Napo Torriani, 15
HP http://www.hotelcanova.com/（英语）

多利亚大酒店
Doria Grand

地图p.123-D ★★★★

交 从米兰中央火车站步行10分钟
€ T €112~
☎ 02-67411411 FAX 02-6696669
✉ Via Andrea Doria, 22
HP http://www.doriagrandhotel.it/

米开朗琪罗大酒店
Michelangelo

地图p.123-D ★★★★

交 从米兰中央火车站步行1分钟
€ T €126~
☎ 02-67551 FAX 02-6694232
✉ Via Scarlatti, 33
HP http://www.michelangelohotelmilan.com/

米兰希尔顿大酒店
Hilton Milan

地图p.123-C ★★★★

交 从米兰中央火车站步行5分钟
€ T €139~
☎ 02-69831 FAX 02-66710810
✉ Via Luigi Galvani, 12
HP http://www.hilton.com/（希尔顿酒店精选）

共和国广场周边

萨维亚普瑞斯普酒店
Principe di Savoia

地图p.123-C ★★★★★

交 从共和国广场步行3分钟
€ T €320~
☎ 02-62301 FAX 02-6595838
✉ Piazza Della Repubblica, 17
HP http://www.hotelprincipedisavoia.com/

米兰宜必思酒店
Ibis Centro

地图p.123-D ★★★★

交 从地铁A线共和国广场站步行10分钟
€ T €79~ ☎ 02-63151 FAX 02-6598026
✉ Via Finocchiaro Aprile, 2
HP http://www.ibishotel.com/

杜奥莫周边

米兰大酒店
Et de Milan

地图p.133-A ★★★★★

交 从地铁3号线Monte Napoleone站步行1分钟
€ T €415~
☎ 02-723141 FAX 02-86460861
✉ Via Manzoni, 29
HP http://www.grandhoteletdemilan.it/

米兰四季酒店
Four Seasons Milano

地图p.133-D ★★★★★

交 从地铁3号线Monte Napoleone站步行10分钟
€ T €550~
☎ 02-77088 FAX 02-77085000
✉ Via Gesu, 6/8
HP http://www.fourseasons.com/milan/

米兰布鲁内列斯基酒店
Brunelleschi

地图p.123-K ★★★★

交 从地铁3号线Missori站步行3分钟
€ T €171~
☎ 02-88431 FAX 02-804924
✉ Via Flavio Baracchini, 12
HP http://www.hotelbrunelleschi.net/

米兰星际罗莎大酒店
Starhotels Rosa Grand

地图p.123-G ★★★★

交 从杜奥莫步行5分钟
€ T €194~
☎ 02-8831 FAX 02-8057964
✉ Piazza Fontana,3
HP http://www.starhotels.it/（酒店精选）

Porta Garibaldi火车站/Porta Romana周边

阿塔行政酒店
Atahotel Executive

地图p.123-C ★★★★

交 从IFS步行1分钟
€ T €101~
☎ 02-62941 FAX 02-29010238
✉ Viale Luigi Sturzo, 45
HP http://www.atahotels.it/（酒店精选）

维斯康蒂皇宫豪华酒店
Grand Visconti Palace

地图p.123-K ★★★★

交 从地铁3号线Lodi T.I.B.B.站步行8分钟
€ T €142~
☎ 02-540341 FAX 02-54069523
✉ Viale Isonzo, 14
HP http://grandviscontipalace.com/

酒店客房内提供保险柜　大厅Wi-Fi免费　客房内Wi-Fi免费　客房内Wi-Fi收费

※旅游淡季时的最低房费。同时须支付旅居税。

那不勒斯

Napoli 地图p.7-H

坎帕尼亚州的首府所在地那不勒斯是南意大利的重镇。隔着那不勒斯湾看到的维苏威火山，从海边一直到山上的城市布局非常漂亮，申报为世界遗产的王宫、城堡等历史性建筑也有多数遗留。

19世纪末建成的拱廊商店街

ACCESS **机场→那不勒斯中央车站**

乘坐机场大巴约15分钟。乘坐出租车到市中心约15分钟

i 观光咨询处

那不勒斯中央车站内23号站台前

营 9:00~19:00（周日・节日是~13:30）无休　翁贝托一世的拱廊商店街内

营 9:00~19:00，周日是截止到14:00　无休

城市概况

那不勒斯在希腊语里是新城（奈阿波利）的意思。正如其名字一样，那不勒斯是希腊人作为殖民地开发的。12世纪由诺尔曼人统治，13世纪是法兰斯王国的安茹家族和阿拉贡家族统治，16世纪是西班牙总督统治。而到了18世纪又由法兰斯的波旁王朝统治，经历了很多执政者。

在5平方公里大小的市中心，各个时代的建筑物和美术作品都有保存。看点大多数都集中在那不勒斯中央车站前的加里波第广场以南的圣塔露西亚港、以北的博物馆地铁站、以西的圣埃尔默城堡之间。

观光亮点

位于那不勒斯中央车站东侧的斯帕卡・那不勒斯街一带是平民区。走在巷子里，头上有晾晒的衣服被风吹得哗哗响，充满生活气息。杜奥莫、国立考古学博物馆、新耶稣教堂等也在这一带。以地铁凯沃尔站为起点的话，这些地方都可以步行到达。

王宫、蛋城所在的沿海的圣塔露西亚地区，有很多值得一去的地方。高级酒店、餐厅也有很多。去王宫可以从加里波第广场乘巴士前往，也可以从地铁2号线Cavour站走一站到1号线Museo站换乘，在Tredo站下车。沿着托莱多大街往南走，约10分钟可到达翁贝托一世拱廊。

前往圣埃尔默城堡所在的沃梅罗山，可以从翁贝托一世拱廊前搭乘缆车，约15分钟。山上有圣玛蒂诺修道院，在修道院里可以将整个那不勒斯尽收眼底。缆车的票跟地铁、巴士、电车都是通用的。

时间富裕的话，可以去下国立考古学博物馆，那里展出了从庞贝、埃尔科拉诺遗址等古罗马遗址中出土的贵重雕刻、马赛克、埋葬品、生活用品。

名牌店和时尚咖啡店较多的是从王宫西侧开始的基娅大街一带。这一带有很多比萨名店、咖啡店，还有很多店铺产品很有个性，逛逛也会挺有意思的。从基娅大街到烈士广场是购物一条街。

沃梅罗山和那不勒斯湾

斯帕卡・那不勒斯的地标——杜奥莫

◆那不勒斯料理

那不勒斯是比萨的发源地。只放马苏里拉奶酪和番茄、罗勒的最简单的玛格丽特比萨的起源地就是那不勒斯。比萨名店在平民区斯帕卡・那不勒斯地区的法院大街（Via dei Tribunali）一带以及王宫以西的基娅大街上有很多。

甜点类，有个代表南意大利的点心朗姆蛋糕是那不勒斯的特色。这是一种加入朗姆酒和糖浆的蘑菇形海绵蛋糕。有的店铺会有特大号的朗姆蛋糕，在店门口比比吃吃也不错哦。

model plan

基本上是1天2晚

推荐旅游线路

※以下介绍下午（14点左右）到达当地的行程安排

第1天

PM

● **办理入住**
放下行李就出来。

● **市内观光**
游览新城堡、王宫、蛋城、斯帕卡・那不勒斯等景点。

● **那不勒斯料理**
在名店品尝下正宗的比萨。

吃完饭后去圣塔露西亚港看下那不勒斯的夜景后返回酒店

第2天

AM

● **退房**
去往下一个目的地。

品尝正宗的烤炉比萨

庞贝

Pompei 地图p.7–I

公元79年8月24日维苏威火山大爆发，庞贝是受到火山碎屑流直接冲击而毁灭的古城。18世纪开始发掘后，古代人们的生活情景才渐渐被发现。发掘工作现在还在继续。

公共广场

ACCESS 铁路▶从那不勒斯中央车站乘Circumvesuvinna环线火车约35分钟在庞贝斯卡威神秘别墅站下车。

i 观光咨询处
庞贝遗址入口
✉Via dei Misteri,2
营8:30~19:30　无休

区域概况

从公元前8世纪开始因为红酒、橄榄油的出口而繁荣，公元前1世纪被划入罗马帝国之后作为贵族的别墅区也非常繁荣。据推测，火山爆发前有12000~15000人在这里生活，约2000人在灾难中丧生。

在那不勒斯王卡洛斯三世的命令下发掘工作开始进行，1763年传说中的庞贝城呈现在世人眼前。从厚厚的火山灰中挖出来的，从神殿、公共浴场等公共建筑到妓院什么都有。所有的一切仿佛还是古时候的模样，不禁令人惊叹。

遗迹面积很大，在内部都是步行参观，建议穿适合走路的鞋子和衣服。也没有能遮阳的建筑，请备好太阳镜、帽子和饮用水。

营8:30~19:30（11~次年3月是~17:00，关闭前1小时30分钟禁止进入）

公共浴场（左）与阿波罗神殿

观光亮点

主要的看点如下：

◆长方形廊柱大厅

古代的法庭、商业交易场所、集会场所。推测是公元前2世纪末的建筑。

◆朱庇特神殿

祭奠朱庇特、朱诺、弥涅耳瓦3位大神的神殿。

◆面包店

能看见磨粉的大石磨和红砖做的烤面包的炉灶。

◆阿波罗神殿

希腊化建筑的神殿。周围由48根爱奥尼亚式圆柱和墙覆盖。阿波罗的铜像和阿波罗妹妹的像就是从这里出土的。

◆小酒馆

柜台处有放置红酒瓶的洞穴，还发现有客人付的硬币。这样的小酒馆有好几家。

◆马里纳大街

有踏脚石的地方是人行横道，道路中央有马车通过时留下的车辙。

◆公共广场

被长方形廊柱大厅、阿波罗神殿、教堂、浴场等包围起来的广场。整个广场被多立克柱式和爱奥尼亚柱式的2层列柱围着。

◆公共浴场

公元80年前后建造的浴场。大理石浴池、更衣室、冷水浴场、温水浴场、球场等全部都有。

◆维蒂之家

富商的豪宅。玄关和食堂的墙上还有湿壁画。

◆黄金丘比特之家

大名鼎鼎的尼禄帝的妃子波帕耶雅亲戚的家。家里有花坛、喷泉回廊。

◆食品市场

成排的店铺围着庭院。没来得及逃走的人的石膏像看着令人心痛。

◆牧神之家

罗马将军的外甥的家。中庭有《跳舞的牧神》铜像（复制品）（真品藏于那不勒斯的国立考古学博物馆）。

◆斯特凡诺洗衣房

人们曾在石制的水槽里用脚踩着洗衣服。还有放置熨衣服用的压力机的房间。

model plan

基本上是停留半天

推荐旅游线路

※以下介绍从那不勒斯当天往返的行程安排

第1天

AM

●从那不勒斯到庞贝

●到达庞贝遗址

从那不勒斯乘观光巴士到庞贝约40分钟。到达庞贝后，在入口的观光咨询处领一份免费地图后开始游览吧。如果在国内直接报名参加从那不勒斯发团的当地旅游团，就不用再在售票处排队买票了。

PM

●从庞贝到那不勒斯

乘坐下午的火车或者巴士返回那不勒斯。如果跟当地的旅游团，那不勒斯到庞贝的一日游需要6~7个小时。从罗马过来的话，除了有庞贝一日游，还有1天2晚的包含庞贝在内的南意大利游。

小酒馆

卡普里岛

ISOLA DI CAPRI 地图p.7-H

在距那不勒斯近海约30km的卡普里岛上，有曾令罗马皇帝痴迷的神秘的蓝洞。这里不仅有千变万化的自然美景，还有充满魅力的店铺、餐馆，可以尽情享受度假的乐趣。

发出神秘蓝光的蓝洞

ACCESS **那不勒斯→卡普里岛**

船▶从那不勒斯的贝维雷洛港到大港口乘坐水中翼船约40分钟

i 观光咨询处

翁贝托一世广场

✉Piazza Umberto I 营8:30~20:30，周日是~14:30，4~5月是9:30~19:30、15:30~18:45 周日休息

区域概况

开往蓝洞的船只，到达的是卡普里岛的枢纽大港口。从这里到岛心、卡普里区域乘缆车还需4分钟。乘缆车到达的翁贝托一世广场是卡普里区域的中心。周边也有很多咖啡店、餐馆、店铺。

观光亮点

◆蓝洞

发着神秘蓝光的蓝洞是卡普里岛最大的看点。蓝洞的入口只有1m高，浪高的日子船无法开。团队游，一般安排的是在蓝洞还有光照的早间来参观。

蓝洞是经过数千年海洋的侵蚀作用形成的。呈现蓝色是因为太阳光的折射作用。据说，在古罗马时代人们就已经发现了这里。

乘摩托艇从大港口到蓝洞入口（约25分钟），然后换乘小船进入蓝洞，大约需要一个小时的时间。浪高的日子不开船。洞内宽敞的地方长70m，宽25m，海水高度10m左右。

营7~9月开放时间9:00~17:00，冬季是~13:30 €€25.50（含船票和门票）

旅行信息

TravelInformation

携带物品 · 出发前核对清单

	核对	物品	重要度	备注 · 参考页
随身携带行李		护照	◎	p.145
		境外旅游伤害保险证书	◎	p.145
		机票（电子票）	◎	
		参团证/在机场的兑换证	◎	
		现金（人民币）	◎	p.147
		现金（当地货币）	△	p.147 在国内兑换汇率不如当地合适
		信用卡/旅行现金卡	◎	p.147
		旅游手册/旅游会话集	◎	
		洁面工具/手帕/面巾纸	○	酒店没有牙刷，需自带
		化妆品/生理用品	◎	
		护照复印件/面部照片（两张）	○	以防万一护照丢失
		计算器/笔记用具	○	方便汇率换算和购物时交涉价格
		雨具	○	伞、雨衣等
		糖	○	防干燥
		太阳镜/帽子	○	夏天日照特别强
		手机/智能手机/充电器	△	p.151
		相机/充电电池/储存媒介	△	
		常备药	◎	p.154
		英文诊断书	△	
托运行李		换洗衣物	◎	有一次性内衣。可在旅游用品店购买。
		内衣/袜子	○	
		睡衣	○	
		洗发水/护发素	△	
		吹风机/剃须刀	○	
		变压器/适配器	△	p.152
		洗涤用品	△	
		塑料袋	○	
		挖耳勺/棉棒	△	
		毛巾	△	
		拖鞋	△	一般非高级酒店没有拖鞋
		方便食品	△	想吃中国食品的时候
		小折刀	△	一定不要带上飞机
		闹钟	△	
		针线盒	△	

◎＝必需的　○＝应该带的　△＝因人而异，带着会方便些

确定出发日期

月	1月	2月	3月	4月	5月	6月
季节	冬	冬	冬 / 春	春	春	春
旬	上旬 中旬 下旬	上旬 中旬 下旬	上旬 中旬 下旬	上旬 中旬 下旬	上旬 中旬 下旬	上旬 中旬

旅行费用的变化

45 40 35 30 25

●旅行费用详情

以意大利8日游为例。游览米兰、威尼斯、佛罗伦萨、罗马。住S级和A级酒店。

酒吧

节假日

- 新年（1月1日）
- 主显节（1月6日）
- 复活节
- 复活节第二天的周一
- 意大利解放纪念日（4月25日）
- 国际劳动节（5月1日）
- 共和国纪念日（6月2日）

观光核心

- ◀ 威尼斯的嘉年华（2~3月）
  （每年举行时间都不一样，请提前确认http://www.carnivalofvenice.com）
- 猎物料理（11~次年2月）
- 菌王牛肝菌季节（11~次年3月）
- 冬季大甩卖（1~2月）
- ▲ 佛罗伦萨5月音乐节（4月末~7月初）

核对要点

●旅行准备　1月下旬开始进入每年最寒冷的时期。准备可以套着穿的羊毛衫、毛衣、厚外套、手套、围巾等。

●旅行准备　严寒持续到2月中旬。去中、北部的话准备好厚外套和防寒服。

●城市风光　冬季大甩卖持续到2月下旬。在威尼斯2月到3月的10天是嘉年华时间。

●旅行准备　4月上旬之前天还是有点凉的。4月中旬前雨天多，天气不好，需要准备伞。如果想在最佳季节去的话推荐选择4月中旬到6月期间。

●城市风光　4月中旬开始有个短暂的春天，城市处于比较阳光的状态。6月下旬开始有夏季大甩卖，前来购买的人很多，很热闹。如果是冲着甩卖去的话，7月中旬前产品种类都很多。

气温（℃）

米兰最高气温　米兰最低气温

月	1月	2月	3月	4月	5月	6月
米兰最高气温	4.2	8.2	13.6	19.0	22.4	26.7
米兰最低气温	1.8	0.3	3.6	8.0	12.3	16.0
天气	气温低，天气持续微凉	一年中最寒冷的季节	天气持续微凉。北部仍然很冷	中旬之前天气持续微凉	天暖舒适的日子增多	天晴舒适的日子
日出/落	7:35/17:03	7:06/17:42	6:30/18:15	6:22/19:50	5:50/20:22	5:34/20:4

夏						秋									冬		
7月		8月			9月			10月			11月			12月			
中旬	下旬	上旬	中旬	下旬	上旬	中旬	下旬	上旬	中旬	下旬	上旬	中旬	下旬	上旬	中旬	下旬	

锡耶纳赛马节训练场景

圣母升天节（8月15日）

诸圣节（万圣节·11月1日）

圣母无染原罪瞻礼（圣母受胎节·12月8日）

圣史蒂芬日（12月25日）

圣诞节（12月26日）

◀ 度假季节（8月两周~9月上旬）

◀ 锡耶纳的赛马节（7月2日、8月16日）

猎物料理（11~次年2月）

◀ 威尼斯国际电影节（8月末~9月初）

米兰时尚周（9月中旬~下旬）▶

▲ 菌王牛肝菌季节（11~次年3月）

◀ 夏季大甩卖（6月下旬~8月上旬）

●旅行准备 空气干燥，嗓子不好的人需要注意。8月会变得酷热，必备太阳镜和遮阳帽。考虑要进教堂，薄款上衣也备上。舒适的9月开始再次进入最佳季节。

●城市风光 8月是度假季节。很多店铺停业，街上全是游客。晚上到很晚还是亮的，室外歌剧、演奏会等夜间活动增多。

●旅行准备 10月也是舒适的季节。10月下旬降雨量最多。11月初之前是最佳季节。11月开始，天凉的日子变多。

●城市风光 到了菌类和猎物最美味的季节，各地都有庆祝秋天丰收的节日。大城市则是歌剧季节。

●城市风光 真正开始入冬。圣诞前后，城市变得庄严起来，完全是家庭气氛。12月份降雨也很多，伞是必需品。

7月	8月	9月	10月	11月	12月
…上升，湿度下降	酷暑天气持续	热度稍退	下旬前比较舒适	中旬开始变冷，入冬	气温低，雨天增多
…47/20:43	6:17/20:10	6:49/19:20	6:59/18:29	7:21/16:49	7:30/16:39

◆收集旅行信息◆

出行之前想收集观光地的详细信息的时候，公共机构的窗口可以帮上忙。最新的活动，美术馆、博物馆的整修情况、休馆信息等，能抢先知道。

◆实用网站推荐◆

意大利国家旅游局 http://www.enit.cn	意大利国家旅游局的官方网站，详细列出了意大利所有热门城市的旅游信息。
罗马旅游网站 http://www.turismoroma.it	充足的有关罗马的观光信息。有英文网页。
TRENITALIA http://www.trenitalia.com/	意大利铁路网站。可以在线预订火车票。有英语版。
意大利航空 http://www.alitalia.it	不仅可以预订机票，而且还可以确认航班信息，还有有关活动的介绍等。另外，还能获得有关欧洲天气和意大利的最新信息等。
Tutto Citt`a http://www.tuttocitta.it/	意大利版的地图册。在左上角的Citta空栏内输入地名的话，就会出现地图。连小城市的地图信息都可以阅读到，还可以看到城市天气、温度等。
Expedia http://www.expedia.com	预订宾馆、机票和海外旅行社的网站。宾馆的话，保证预订到的是最低价格。如果还有比这更便宜的，返差额。提供24小时的电话服务。

◆选择跟团游的注意点◆

进行意大利环游的话，基本就是不断移动和观光，费体力的行程安排比较多。担心身体受不了的人应尽量选择时间不那么紧凑的行程。选择观光行程安排太紧的不如选择有自由活动时间的，这样可以根据个人的身体状况选择观光还是休息。有病的人或者身体状况不好的人，务必要先告知旅行社。这类人群需要有同行人员一起参团，或者更改部分观光路线。

◆申请后的准备工作◆

出发前忙于准备工作容易搞坏身体。保持有规律的作息、保证充足的睡眠和营养去旅行吧。另外，据说吸烟是导致深部静脉血栓（即所谓的经济舱症候群。长时间保持同一姿势下半身血流变得不通畅，会引起血栓的症状）的要因之一。尽量出发2~3周前减少吸烟量或者禁烟。

有病的人，出发前务必要去找经常就诊的医生看看，让医生给点旅行中的建议等。

另外，齿科的治疗不包含在境外旅游伤害保险里。如果旅行者去看牙医，产生的高额费用必须自行承担。牙齿有不舒服的地方，出发前先治好吧。

对自己身体状况比较有信心的人也不可大意，做个体检再去自己也比较放心。

在国外生病或受伤的时候，要在当地的医院接受治疗。这个时候，境外旅游伤害保险会补偿医药费。如果未买保险在国外就医，高额的治疗费需要自行承担。保险记得一定要先买上。

在有语言障碍的国外，以防万一，最基本的常备药和看医生用的资料等一定要带上。

旅行必需品

首先要准备好护照。
护照办理最少需要一周时间。
为确保旅行安全，境外旅游伤害保险务必提前购买。

护照

入境意大利需要保证护照有效期在6个月以上。若有效期不到6个月了，为了能让旅行时间更充裕，一定要提前申请更换。

第一次申办护照时，要先准备好以下相关材料：

居民身份证原件、复印件；

本人户口簿及户口簿首页、本人资料页、变更页；

填写完整的护照申请表原件；

近期2寸淡蓝色背景的彩色照片；

如果是申请更换护照，需要附上原护照；

申请事由相关资料；

申办费用150元人民币。

备好以上资料后，须亲自至本人户口所在地公安局的出入境管理处办理。如果有合理紧急事由请求加急办理，公安机关出入境管理机构也会受理的。注意，在申请完毕时，会收到一张标有日期的取证回执单，一定要好好保管，领取护照时会要求出示，也可以采取付费邮寄的方式获取护照。

签证

签证，是指到访国的在外领馆签发的入境停留许可证。通常在护照的签证栏上会盖有印章，这是护照发行的标志。意大利签证分国家签证和申根签证两类，其中申根签证又分为旅游、商务等类别。如果选择从中国赴意大利短期旅游，那么可以选择办理个人旅游签证（90日以内）。具体申办事宜可登录意大利签证申请中心网站 http://www.italyvac.cn 进行了解，该网站分北京、上海、广州页面，详细罗列了申办各类签证所需的材料、申办流程、签证费用等内容，另外还可以免费下载电子版签证申请表格。也可以登录意大利外交部网站 http://www.esteri.it 进行了解。

签证所需材料

1. 用英文或意大利文填写完整并签名的申请表（接受用拼音签名）；
2. 两张白色背景\尺寸为4cm×3.5cm的免冠近照；
3. 护照复印件（需签名且在签证到期后至少有90天有效期，护照签发不超过10年）；
4. 往返机票预订单；
5. 签证费用。

申根签证90天内的旅游签证费用：486元人民币。

签证申请中心服务费：220元人民币。

境外旅游意外伤害保险

以防生病、发生事故、物品被盗等而自愿购买的保险，保险期终止前未发生意外保险公司也不退还保险费。在旅途中看医生花费巨额费用的事情常有，所以务必提前购买保险。

早申请为明智

投保是在各保险公司或者旅游代理公司，各机场的出发大厅的手续柜台也可以办理。从家到机场的往返途中也在赔偿范围内，所以尽量在出发前申请好。而且，如果通过旅游代理公司投保的话，对方有被保险人的行程安排和紧急联系方式，万一有什么情况的时候应对起来也快。

信用卡的保险也用起来

主要信用卡有的自带境外旅游伤害保险，但是有的时候疾病、携带品等特约条款部分内容不完善。如果想使用这个保险，对不赔偿部分进行选择性补充会比较安心。

◆携带物品◆

收拾行李也是旅行的一个要点。需要的东西忘带了，不需要的东西却装了一堆，旅行过程中就会比较辛苦。衣服也要带适合当地气候的。

◆气候与携带衣服◆

意大利的气候是夏天热，冬天特别冷。准备衣服的时候要确认气候。

罗马	可以跟在中国穿的一样，但是夏天的时候晚上会很冷，要带上毛衣。
佛罗伦萨	秋天湿度最大。初夏和晚秋很舒服，最适合观光。
威尼斯	夏天气温不是那么高，比较舒服。冬天特别冷，要带上防寒衣物。
米兰	因为地处内陆，夏天和冬天的温差特别大。夏天在背阴处很凉快。秋天降水最多。

◆遵循TPO原则◆

盛装/便装

出境游时穿的衣服，当然要根据当地的气候来准备，根据情况也需要准备盛装或便装（避免华丽衣着）。

高级餐厅、观剧服装

如果不是特别高级的餐厅或有名管弦乐队的公演就不用打领带。在高级餐厅，要避免着运动服、牛仔服、短裤、运动鞋。

男士的话穿夹克和翻领衬衣、长裤就可以了。夏天的时候不穿夹克也行。女士的话如果有不易皱的连衣裙，在比较讲究的餐厅也不用担心。短裤着装也没问题。另外，女士的话，大块的披肩和方巾在各种场合都能发挥作用。

游逛着装

如果不打算去高级店铺的话，穿休闲装就可以了。购物、参观美术馆更不用说，因为要经常走路和乘地铁、巴士，所以要穿适合运动的衣服和穿惯了的鞋子。

◆行李打包◆

去的时候包里要留一些空间

旅途中要带的东西，要想好哪些是一定要的，哪些是可带可不带的。托运行李有重量限制，返程的时候还要带些特产类的回去，所以不要在出发的时候行李就塞得满满的。

选择“轻”还是选择“轻松”

行李中最占地方的是衣物。尽量多带比较百搭的衣服还有可以套着穿的衣服，方便增减衣物。如果是带不容易起皱的衣服，收拾的时候可以卷起来放进去。塑料袋可以用来区分脏衣服和干净衣服。

内衣、袜子、衬衣类每天一套最好。少带几件也不是不可以，但是每天在酒店洗的话也挺麻烦的。最好结合出行天数、需要的衣物量、行李大小来定是减少行李还是在酒店洗衣。

逛的时候背小包

背包式手提包等从安全角度来说要选择小型的，而且不要背在后面或者斜挎着，要背在前面。另外，两手有空背起来轻松的双肩包也要背在前面，因为小偷会从后面下手。昂贵的名牌包要避免使用。腰包从安全角度来说值得推荐。

*着装礼仪TPO原则，是英文单词Time（时间）、Place（地点）、Object（主题）三个词首字母的简写。

不要忘记带常用药

一定不要忘记放到行李箱里的就是药物了。像感冒药、肠胃药和止痛药等药物的话，最好还是从国内带到意大利去比较好。虽然意大利的药店也有卖的，但是买药时需要用到意大利语，有时服用的方法也和国内不一样。而且，除了普通药物以外，买其他药的话，必须得有处方笺才行。

◆货币兑换◆

为货币兑换发愁的话会影响旅行的心情。
尽量在划算的地方进行兑换。
现金卡也可以用上，怎么方便怎么用。

◆现金◆

纸币有€5~500的7个面额，硬币有￠1~€1的8个面额。€（欧元）意大利语叫L'Euro，￠（欧分）叫Centesimi。€1=￠100。

一般来说，在当地兑换比在国内兑换更划算些。

在当地可以在机场、银行、酒店、街上的货币兑换点兑换。基本上货币兑换点的汇率都不错，在机场兑换是最不划算的，刚到当地机场时先兑换一点用着即可。在货币兑换点兑换的时候，除了汇率之外，别忘了确认手续费多少。

兑换来的钱，装进钱包之前先点下数。

◆信用卡◆

有信用卡的话不用带很多钱，也不用担心余额问题，很便利。在当地也可以取现，还能作为身份证明使用。只要消费的金额不是太少，一般意大利和国内一样，宾馆、饭店、品牌店等地方可以随便使用各种卡消费。在启程旅行前至少要准备以下种类中的一张信用卡：VISA、Master Card、American Express。

■http://www.visa-asia.com

■http://www.mastercard.com

旅行支票

旅行支票就是给旅行者使用的一种支票，可以在银行内购买。其优势是安全性，即便被盗或丢失也可以重新领取。而且旅行支票也可以用来兑换，并在一流酒店、商场中进行消费。

国际借记卡

可以在国外的ATM（国际ATM网络，标记：P.IUS、Cirrus）上提取自己存在国内账户中的货币。免息，但是需要手续费，兑换汇率稍高。

VISA现金结算卡

和信用卡不同，使用VISA现金结算卡结算的话，当场就可以从自己的银行账户中把自己的消费费用扣除掉。只要银行账户当中的余额在银行规定的余额范围之内，VISA现金结算卡不仅可以当作信用卡使用，而且在国外还可以作为国际现金卡，从有P.LUS标志的ATM（自动取款机）里取出现金。

关于汇率

兑换汇率表示 100元人民币兑换多少欧元。所以数字越大越划算。写有CHA或YUAN行的中国银行BUY栏的CASH的数字是现金的兑换汇率。

■http://www.boc.cn

◆ATM机的使用方法◆

①	ENTER YOUR CARD或者ENTER CARD插入卡片
② ENTER PIN	输入密码
③	选择WITHDRAW（取款）或者CASH ADVANCE（预借现金）
④	SAVING ACCOUNT普通账户、CREDIT CARD信用卡 可视自己需要灵活选择
⑤ AMOUNT	选择金额或者用数字键输入金额
⑥ TAKE CASH	取走现金
⑦ ANOTHER TRANSACTION?	“是否继续交易？”如果出现了这句话，结束之前务必先按NO。
⑧ TAKE YOUR CARD AND RECEIPT	取回卡片和凭条

◆入境意大利指南◆

去意大利，有北京首都国际机场直飞罗马费尤米西诺机场的、
上海浦东国际机场直飞米兰马尔彭萨机场的。
到达罗马是三号航站楼，转乘国内航班需要到一号航站楼。

◆从到达到办理入境手续◆

①入境检查

不是从EU内入境的，需要排在“All Passport”队。提交已经填好的海关申报表和护照。多重手续办理后检查结束。

②行李提取

提取出发时托运的行李箱等行李。行李转盘按航班号区分。注意不要错拿相似行李。

③海关

带有征税物品的人在红色显示板提交申报表办理手续。如果没有携带超出免税范围的物品或现金就不用申报，直接从绿色显示板出来即可。

从申根公约国入境

在EU申根公约国中最初进入的国家进行入境审查。申根公约国有意大利、德国、奥地利、捷克、匈牙利、斯洛伐克、荷兰、法国、丹麦、芬兰、西班牙等。申根公约国之间出入境不用接受审查。

行李丢失的处理方法

行李箱等托运行李没有如期到达，在行李丢失的情况下，请拿着行李票去航空公司柜台或遗失物品窗口。通常1~2天行李会送到所住宿的酒店。

货币携带

携带现金金额超过1.032914万欧元入境时需要申报。但是，信用卡不在此列。

无须向海关申报可以带入的物品

香烟：	纸卷烟200支（叶卷烟50支）
香水：	香水50ml、淡香水250ml
酒精：	红酒2l、威士忌1l

罗马费尤米西诺机场

别名列奥纳多·达·芬奇机场。从机场到罗马市中心打车 30~40 分钟，约 48 欧元。机场到特尔米尼站有机场直达列车“列奥纳多快线”，5 点 57 分到 23 点 38 分每 30 分钟一趟。到市内需要 30 分钟，14 欧元。乘车前先购票。乘车时如果不盖章刻印的话会被罚款。

米兰马尔彭萨机场

马尔彭萨机场到米兰中央车站乘巴士或出租车约 50 分钟。马尔彭萨巴士快线等班车价格是 10 欧元。打车约 70 欧元。最快的是机场直达列车，5 点 43 分到 23 点 43 分每 30~60 分钟一趟，价格 11 欧元，需时 40~50 分钟。

佛罗伦萨佩雷托拉机场

又名亚美利哥韦斯普奇机场。机场到市内有佛罗伦萨市营巴士 ATAF 和 SITA 公司共同运营的 VOLA IN BUS，单程 5 欧元，车票可以上车后购买，需时 25~30 分钟。打车约 15 分钟，约 22 欧元。

威尼斯马可波罗机场

从机场到市内（罗马广场）有 ATVO 公司运营的蓝色巴士和市营巴士 ACTV 运营的橙色巴士。都是从圣塔露西亚中央站过大运河到达罗马广场。到罗马广场需要 20~25 分钟，单程票价 6 欧元。水上巴士从机场到圣扎卡里亚约 90 分钟，票价 15 欧元。

意大利国内交通

意大利国内有最高时速300km的高铁“Freccia系列”“Italo”连接各主要城市，可舒适出行。大城市的市内地铁、巴士、电车等公共交通很发达，可购买通用票乘坐。

地铁

在罗马、米兰、那不勒斯的市内，乘坐地铁出行比较方便。地铁站内的标识是意大利语，也有绘画、文字。地铁站的标识是红地白字“M”的牌子。

购票

地铁、巴士、电车等公共交通工具的票都是通用的，乘车一次（75分钟以内的话还包括换乘）1.5欧元。票除单次票之外，还有1日票（罗马6欧元、米兰4.5欧元、那不勒斯3.7欧元，各个城市不一样）、2日票（米兰8.25欧元）、3日票（罗马16.5欧元）等。票可以在车站的售票机和有“T”字标志的报刊亭（报纸、杂志售卖亭）购买。

乘车

购票后，将票插入检票口的刻印机，一定要刻印。在佛罗伦萨，1日票在机器上刷一下就可以了，单次票和4张装订的多次票每乘车一次都要在刻印机上刻印。如果不刻印，会被当作无票乘车，要罚款的，请注意。

下车

门口人很多的时候，说声“Permesso”再下车。不说话直接推开人的后背是非常没有礼貌的做法。出口方向跟着“USCITA”标志走就可以。地铁很方便，但是也有小偷，包包等贵重物品要抱在前面。

出租车

价格每个城市都不一样，起步价在3~3.3欧元，之后每增加1km按1.1~1.6欧元计算。深夜和早上时段（22:00~次日7:00）最低加3.5欧元，周日、节假日最低加1.5欧元。

巴士

覆盖了整个市内，路线复杂，游客乘坐起来有点困难。但是，也有罗马的“110 OPEN”巴士、CITY SIGHTSEEING公司的红色双层巴士这样的只在人气景点停车的乘坐自由的巴士。停靠站有“Fermata”字样的牌子。

观光路线图

乘坐面向游客的巴士时，可以在公共交通机关的咨询处（罗马的话是特尔米尼站前的ATAC，佛罗伦萨的话是中央站前的APT）领取路线介绍小册子。

购票

车票与地铁、电车票通用。票一定要在乘车前先购买。

乘车

车来时先确认车前面的路线号和行车方向，向司机轻轻招手示意。从车辆的前门和后门上车。上车后将票在车辆后面的刻印机上刻印。

下车

快到目的地的时候按下蜂鸣器示意，然后下车。车内没有广播，可以先告诉司机在哪一站下车。

电车

罗马、米兰等城市有路面电车。路线图领取方法和购票方法跟巴士一样。在车上可以看见窗外的风景，跟地铁相比容易分辨出下车的地方。

回国指南

飞机起飞前2小时到达机场。退房时，要对在房间内迷你吧消费的东西进行支付，存放在前台的贵重物品要记得领取，自己用过的东西要记得收拾好。

登机·出境手续

①值机　在航空公司柜台托运行李，办理登机牌和行李票

②海关检查　退税的时候，出示护照、登机牌、海关申报表、所购物品给海关盖章

③行李检查　登机行李接受X光检查

④出境检查　出示护照、登机牌、出境卡给工作人员盖章

⑤登机口　在登机牌上写的指定时间之前前往登机口，登机

兑换货币

没用完的欧元纸币，最好在离开当地之前兑换回来。硬币不能兑换，回国前都花掉吧。

整理行李

大家要将需要托运的行李以及带入机内的随身行李分别整理。照相机、摄像机、瓷器等易碎物品以及出关时需要出示的免税商品等要放入随身行李中。衣物、水果刀等则放入托运行李中。某些免税品必须在接受出国审查之后才可领取，所以免税品的寄存证等一定要放在随身行李中。

托运行李的重量限制

因航空公司、航线而异。欧洲航线经济舱可托运1件行李，重量23kg以内。超重的话要支付高额的超重费用，需要注意。

入境国内检查

到达国内后，在入境检查柜台出示护照，然后在行李提取处提取行李。万一找不到自己行李的时候，拿着行李票去找工作人员。最后，前往海关检查台（所购物品在免税范围内的去绿色检查台，超出了去红色检查台）。如果带回了需要检疫的动植物，要交给检疫柜台。

酒店退房

如果您的酒店有机场接送服务，那么酒店的巴士送您到达机场后一般距离航班起飞还有2小时左右。如果是早晨出发，请一定注意时间，不要起晚了。如果您是个人自由行，到达机场后也要留出2小时的富裕时间。如果还需办理免税手续等，则需预留更多时间。

此外，在酒店退房时别忘了确认房间内收费物品的明细，并将寄存在前台的物品取走。

携带物品·无人陪伴行李申请表

在飞机上领的申请表，以家庭为单位每个家庭需要向海关提交一张。有无人陪伴行李的人要提交两张，在海关盖章。在无人陪伴行李柜台将有章的一张交给工作人员，然后在家等行李就行了。

中国免税范围

商品名称		数量/价格	备注
酒水饮料		2瓶	12度以上，1.5升以下
烟草制品	香烟	400支	
	雪茄	100支	
	烟丝	500g	
其他	生活物品	1000元	衣料、衣着、鞋、帽、工艺美术品和价值人民币1000元以下的其他生活用品，属于自用合理数量范围内的可免税，其中价值人民币800元以上、1000元以下的物品每种限1件
	个人自用品	5000元	进境居民旅客携带在境外获取的个人自用进境物品，总值在5000元人民币以内（含5000元）的

限制带入中国的物品

- 无线电视、收音机、通信保密机
- 烟、酒
- 濒危、珍稀动植物（含标本）及其种子、繁殖品
- 国家货币
- 海关限制携带入境的其他物品

◆电话·邮政·网络◆

如果在国内使用的手机号是移动全球通的话，在国外可以拨打国际长途，联网也很简单。另外，从旅行的地方寄送明信片，或者很重的特产时也有很多方法。选择适合自己的方法吧。

◆从国外拨打国际长途的方法◆

除拨打直线电话外，还可以通过中文接线员或者听中文的语音提示拨打。

拨打直线电话

用硬币或者是电话卡都可以拨打。

按下国际长途电话的识别号码“00”，然后是中国国际编码“86”，然后按市外区号，按市外区号时去掉“0”，最后是对方的电话号码。

比如给北京的10-1234-5678拨打电话时：

00 + 86 + 10 + 1234567

- 00：国际长途识别号码
- 86：中国国际编码
- 10：去掉“0”的市外区号
- 1234567：对方电话号码

意大利的电话卡

在自动贩卖机、邮局、电话局、网吧和杂货店等地方买电话卡。电话卡有€2.5、€5、€7这三种。有的电话卡使用时需要剪下角上的破线的地方才能使用。按照箭头指示的方向插卡。

不花现金直拨电话

公共电话或者是宾馆里可以使用这种方式。打电话的费用直接从信用卡上扣，所以不用担心要准备零钱，也不用担心临走时电话卡里还有余额等问题。有一部分公共电话开始时必须插入意大利的电话卡，但是不用担心，里面的余额不会变少的。

省钱拨打电话小窍门

用诸如skype等网络软件也可以拨打国际长途，而且这个费用很低，不过有时因为信号问题，通话质量可不敢恭维。

◆邮政·快递◆

明信片·书信

寄往国内的航空邮件价格，明信片、书信20g以内都是2欧元，50g以内是3.5欧元。到中国需要7~10天时间。邮票可以在邮局购买。有的酒店，在前台付费会帮忙贴上邮票并投递。

小包裹·国际快递

海运小包裹到国内约2个月时间。海运和空运结合的SAL，比海运快，比空运便宜。都需要在邮局小包裹窗口办理手续。

国际快递有点贵，但是在买东西的店铺和酒店前台可以寄，很方便。有的快递公司还支持到付。

国际包裹的邮寄方法

①在邮局里买用于装包裹的箱子或者是在文具店里买比较结实的箱子。长、宽、高加起来不超过225cm，重量不超过30kg。

②在箱子的表面写上收件人和寄件人的姓名和地址。明确标记好“petit paquet”。不要把贵重物品和现金放在箱子里。

③到窗口拿邮寄表，在上面填上必填项目，像收货人姓名和地址、意大利寄货人的姓名和地址，以及邮寄的东西的价值。

④办理这些业务的时候要在邮局的工作日内，也就是星期一~星期五。

◆网络◆

连接Wi-Fi的话

咖啡店、餐馆、酒店、火车上、机场巴士上都有Wi-Fi。多为免费使用，密码问店员或者工作人员对方就会告知的。

数据漫游的话

使用当地电话公司的线路将在中国使用的手机连上网络。收费标准因公司而异，一般都很贵，先查清楚吧。

生活习惯·相关礼仪

**不同国家之间基本信息、习惯、礼仪都各不一样。
意大利游跟国内游不少情况不一样。
为了有个愉快的旅行，最好事先记住这些差别。**

洗手间

洗手间“Il Bagno”。女洗手间是“Donna”，男洗手间是“Uomo”。主要车站和地铁站都有，那些洗手间、公厕以及酒店、咖啡店的洗手间都是收费的（0.5~1欧元）或者需要给工作人员小费（约1欧元）。

水

意大利的自来水是从阿尔卑斯山引来的，可直接饮用。但是石灰质很强，肚子不太好的人最好是购买矿泉水（500ml的水1欧元起）。有的水里有碳酸气体，如果不要碳酸气体的可以找有“Naturale”字样的。

电压

220V（一部分125V）、50Hz，插头一般是圆形的带两个脚的。

时差

比中国晚7个小时。3月的最后一个周日到10月的最后一个周六是夏令时，时间比中国晚6个小时。

小费

意大利有付小费的习惯，基本上都是对自己接受的服务略表心意。如果对服务不满意的话就没必要付小费。在餐馆一般付费用的5%当小费，打的也是5%（差不多就是零头），贵重物品寄存处0.5欧元，引导人员0.5~1欧元，酒店男服务员0.5~1欧元，女仆不用给（但是如果拜托人家帮忙的时候要付1~2欧元），枕边放1欧元等。

美术馆·博物馆

能不能拍照，要先确认。馆内就算能拍照，闪光灯也是严禁使用的。

看歌剧·音乐会演出的着装

旅游项目包含歌剧、音乐会等音乐欣赏类活动，事先应该会有提醒要注意穿着的，利用自由时间自己去的话也要注意穿着。去有名的经典音乐会穿着正装是常识，室外的音乐会多数可以穿得随便点。

教堂

教堂虽然是观光名胜，却是神圣的地方。不和同伴大声喧哗，不随便跑，这些基本礼仪一定要遵守。尤其是圣彼得教堂和天主教堂，切忌穿半袖或者很暴露的衣服参观。

吸烟

禁烟是全世界的趋势。烟民，尤其是烟瘾重的人要记住去国外旅行的时候要一直忍着不能吸烟。禁烟法规定，餐厅、酒吧、美术馆、火车、学校、医院等所有的公共场所禁止吸烟。如果在公共场所不小心吸了烟，根据情况会被罚27.2~275欧元的罚金，经营者如果不履行通报义务的话，会被罚2000欧元的罚金。在孩子面前吸烟的话，会被罚550欧元的高额罚金，需要注意。禁烟是“Vietato Fumare”。

工作时间

■银行	8:20~12:20（有些分行下午1点左右才开始营业）
■办公	9:00~13:00、14:00~18:00
■普通商店	9:00~13:00、15:00~18:30
■超市	9:00~20:00
■美术馆	9:30~13:00、15:00~18:30（有很多美术馆只在上午开馆）
■饭店	12:00~14:30、19:00~24:00

旅行安全管理

在意大利，很遗憾有很多针对外国人的小偷小摸、顺手牵羊、抢劫等以盗窃为主的案件。旅行期间精神松懈，要更加警惕。

以警惕、预防为主

在酒店要注意的事项

现金、护照等贵重物品、高价物品放在保险柜里。人不在房间的时候，不要将东西放在外面，最好是收到行李箱里锁好，尤其是相机、电脑、装饰品等高价物品注意下比较好。在酒店大厅，行李也不要离身。

在街上要注意的事项

繁华街区、机场、车站等人多聚集的地方，偷东西、顺手牵羊、抢劫案件多发，要保持警惕。乞讨者讨钱的事也很多，要坚决说不。

在人多的快餐店等地方，不要将包放在旁边的位子上，也不要放在椅子靠背上。

案例介绍

案例1（抢劫）

假装问路，在对方转移注意力的瞬间将钱包抢走。

案例2（抢劫）

故意掉零钱，游客看到会说"你掉东西了"并帮忙捡起，游客捡东西的时候小偷抢包。

案例3（抢劫）

两人搭伙坐在交通工具上，从行人旁边超过的时候抢包。注意包不要放在车道一侧，背包式手提包要背在身前并把手放上面。

案例4（抢劫）

故意将番茄酱或冰激凌弄到别人衣服上，说着对不起并假装帮人擦，实际是想抢对方口袋的东西。

案例5（抢劫）

装作抱着孩子的母亲，其实孩子被绑在身上，趁别人看地图或买东西放松警惕时下手偷或抢贵重物品。

应对麻烦的方法

东西被盗、遗失，发生事故该怎么办

如果护照、现金等贵重物品被盗了，要去当地的警局，请对方制作被盗、丢失申报证明。现金是要不回来了，但是办理紧急回国手续时可能会需要这份证明，所以一定不要忘记开。

护照丢失的时候，要想继续旅游，要重新补办，但是需要1周以上的时间。如果时间紧，可向大使馆咨询可否办理紧急回国手续。

如果信用卡被盗了，要马上联系发卡行请求停卡，防止被非法使用。

紧急联系方式

警察・救护车 ☎113・☎118

中国驻意大利大使馆

HP http://it.chineseembassy.org

✉ Via Bruxelles, 56, 00198 Rome

☎ 06-96524266

中国驻米兰总领事馆

HP http://milano.china-consulate.org

✉ VIA BENACO，4-20139 MILAN

☎ 02-36530030

中国驻佛罗伦萨总领事馆

HP http://firenze.chineseconsulate.org

✉ Via Dei Della Robbia，89-50132 Firenze

☎ 055-573889

避免麻烦的7大注意事项

①护照、贵重物品不要离身

②不要把名牌产品毫无顾忌地展示出来

③行李收拾成一件

④行李不要放着不管

⑤人流量少的道路不要进入

⑥避免一个人走夜路

⑦不和可疑的人对视

◆旅行健康管理◆

意大利医疗条件很好但是费用也很高。去之前先购买境外旅游伤害保险吧。饮食不习惯要怎么办、水分如何补充、开空调时要怎么办，对这些要有心理准备。不要勉强自己，要适当休息。意大利紧急电话是118。

◆身体状况管理和预防方法◆

注意饮食・空调・日晒等

旅行中要保证充足的睡眠和休息。一般来说，除了酒店内的餐厅之外，其他餐馆菜量都是挺大的。点餐时不要按人头数点，而是点一盘几个人分就可以。

有的时候会吃不习惯，或者香辛料加太多而吃坏肚子。稍微感觉到消化不良，就吃点对肠胃好点的粥或者汤，让身体休息一下吧。

空调和水也需要注意。酒店和餐馆等地方冬天的时候都有暖气。室内外温差很大，开襟毛衣等易穿脱的衣服一定要带。夏天的时候日照很强，要注意。帽子、太阳镜、防晒霜是室外观光的必需品。意大利全年都很干燥，为预防中暑，要经常补充水分。

◆以防万一◆

意大利的医疗状况

意大利医疗条件很完善，一直保持WHO加盟国中排名第二的高水平。而且，急救不仅对本国国民，对外国人也是免费的。所以，在旅行中因为急病接受治疗时医疗费是免费的。

但是，免费仅限急救，处方中开的药及之后的治疗都是收费的。而且，治病在医院，买药在药店，分得很清楚。一定要拿着处方去药店买药。

◆接受医生的治疗◆

医生出诊服务

在意大利治病需要提前预约，而且有时候在医院还要等很久。能消除这个不便的服务是“MEDI-CALL I TALIA”。利用此服务365天24小时，意大利全国范围，都可以叫医生到酒店。医生出诊费8点~20点是250欧元，20点~次日8点是300欧元，医生派遣、医疗翻译费用罗马、米兰、佛罗伦萨、威尼斯都需要人民币2000元左右。

医生出诊费直接给医生现金。派遣和翻译费用现金支付或者信用卡支付都行（各个城市不一样）。利用此服务需要护照等身份证件。购买了出境旅游意外伤害保险的人保管好发票，回国后可以找保险公司报销。

MEDI-CALL I TALIA ☎800-510-155、☎328-2320721（用手机拨打要收费）
受理时间：24小时、无休

自己联系医生

想要看医生，最好的办法是让酒店的工作人员介绍酒店医生或者附近的诊所。如果购买了出境旅游意外伤害保险，可以联系当地的中文急救台。

病重的时候

突发心肌梗塞、脑卒中等这样的急病或者发生交通事故时，拨打急救电话（118）马上叫救护车（Ambulanza）。如果不懂意大利语，可麻烦酒店工作人员等当地人联系为妥。就诊时带好护照。使用救护车是收费的。

最好备份英文诊断书

有老毛病的人，在旅行出发之前最好是到医院去诊断一下，听一下医生的意见。准备一份自己平时吃的药，用英文记下来，做一份英文的治疗证明书和简易诊断书，随身携带。为了防止旅行过程中遇到事故或者是灾难等情况，身体有老毛病的人最好是能在旅行出发前带上大约1个星期的药量。把这些药分散地放在旅行箱里和自己随身携带的行李中，这样的话，即使自己的行李被送错了地方（自己的行李被送到别的机场，这样的话，再次收到行李大约需要1天的时间）的话也还能及时吃到药。

意大利的历史

公元前900年左右　伊特鲁里亚人定居意大利中西部
公元前800年~公元前700年　伊特拉斯坎雕刻创作
公元前753年　罗马建国
公元前700年左右　希腊人在南意大利建立殖民城市
公元前509年　开始共和制
公元前312年　阿皮亚古道开工
公元前330年　雕刻《观景楼的阿波》创作
公元前300~前201年　雕刻《垂死的高卢人》创作
公元前264~前146年　布匿战争
公元前133年左右　罗马帝国的领土快速扩张。连土耳其都被压制
公元前60年　第一次三头政治（庞培、恺撒、克拉苏）开始
公元前58~前51年　恺撒远征高卢
公元前27年　奥古都斯开始帝政
80年　圆形竞技场建成
117年左右　罗马帝国的领土达到最大。从现在的英国到北非、叙利亚、以色列、西班牙都被掌握
118~128年　罗马重建万神殿
96~180年　罗马帝国“五贤帝”时代
212~216年左右　卡拉卡拉浴场
312年　罗马建造君士坦丁帝的凯旋门
313年　基督教被承认
450~500年　拉韦纳马赛克
476年左右　西罗马帝国灭亡
481年　法兰克王国建国
497年　东哥特王国建国
554年　查士丁尼打败东哥特统治意大利
750年左右　定居于易北河的伦巴第族南下统治罗马
773~774年　法兰克王查理征服伦巴第王国
855年　法兰克王国一分为三（分为后来的法国、德国、意大利）
962年　神圣罗马帝国建国
1054年　东西教堂分离（分为后来的希腊和罗马）
1077年　卡诺莎的屈辱。神圣罗马皇帝哀求教皇格列高利赦免开除教籍处分
1096~99年　第一次十字军远征

1167年　北意大利诸城市结成伦巴第联盟。在教皇的庇护下诸侯对立
1266年　法国安茹家族的查理成为那不勒斯、西西里王
1277年　维斯康蒂家族统治米兰
14世纪　画家西蒙·马丁尼创作《受胎告知》
1406年　征服佛罗伦萨、比萨
1434年　美第奇家族统治佛罗伦萨
1450年　斯福尔扎家族就任米兰侯
1452年　列奥纳多·达·芬奇出生
1453年　东罗马帝国灭亡
1465年左右　画家菲力·波利比创作《圣母子》
1475年　米开朗琪罗出生
1483年　拉斐尔出生
1485年左右　波堤切利创作《维纳斯的诞生》
1492年　热那亚的哥伦布发现美洲大陆
1494年左右　法兰西王远征意大利
1512年左右　米开朗琪罗完成西斯廷礼拜堂的天顶画
1541年　米开朗琪罗完成西斯廷礼拜堂的《最后的审判》
1569年　美第奇家族的科西莫一世就任托斯卡纳大公。文艺复兴之花盛开。
1571年　勒班陀海战中威尼斯战胜土耳其
1600年　萨沃伊公国统一意大利
1651年　雕刻家贝尔尼尼创作《四河喷泉》
1805年　拿破仑就任伦巴第王
1806年　神圣罗马帝国灭亡
1814年　拿破仑体制崩溃
1815年　维也纳会议上威尼斯等被划入奥地利
1861年　统一意大利王国成立（第一次被统一成现在的国家形式）
1871年　迁都罗马
1915年　参与第一次世界大战
1940年　参与第二次世界大战
1946年　废除王政，开始共和制
2002年　结算货币引进欧元

旅行会话 意大利语 +英语

仅介绍特别简单的意大利语。音调不用太在意。

问候

早上好。您好。
Buon giorno
=Good morning.

晚上好。
Buona sera
=Good evening.

再见！
Arrivederci
=Good-bye.

是。不是。
Si / No
=Yes./No.

谢谢！
Grazie
=Thank you.

对不起！
Scusi
=Excuse me.

就餐

请给我菜单。
Il menu, per fovore.
=May I have a menu, please?

哪个是推荐的？
Che cosa mi consiglia?
=What do you recommend?

埋单。
Il conto, per favore.
=Check (Bill), please.

非常好吃。
È buonissimo!
=It is very delicious.

购物

只是看看。
Sto solo dando uno sguardo.
=I'm just looking.

请给我看看别的。
Potrebbe farmene vedere un altro.
=Please show me others.

可以试穿吗？
Posso provarlo?
=May I try this on?

有点小（大），有没有大（小）点的？
Avete una taglia piu piccola (grande)?
=Do you have more smaller (bigger) one ?

麻烦

救命！
Aiuto!
=Help me!

小偷！
Ladro!
=Robber!

请叫救护车。
Chiami l'ambulanza, per fovore.
=Please call an ambulance.

我不舒服。
Non mi sento bene.
=I don't feel well.

快报警。
Potrebbe chiamare la polizia, per favore?
=Call the police, please.

数字

1 **uno** =one	2 **due** =two	3 **tre** =three	4 **quattro** =four	5 **cinque** =five
6 **sei** =six	7 **sette** =seven	8 **otto** =eight	9 **nove** =nine	10 **dieci** =ten

替换词语+单词

~在哪里?

Dov'è ~ ? =Where is ~?

●洗手间 **bagno** =the rest room	●免税店 **negozio duty-free** =the duty-free shop
●入口 **entrata** =the entrance	●超市 **supermercato** =the super market
●出口 **uscita** =the exit	●货币兑换处 **ufficio cambio** =the currency exchange

请去~。

Mi porti a ~ ,per favore.=To ~, please.

●酒店 **albergo** =the hotel	●博物馆 **museo** =the museum
●餐厅 **ristorante** =the restaurant	●教堂 **chiesa** =the church
●市场 **mercato** =the market	●城堡 **castello** =the castle

有~吗?

Avete ~ ? =Do you have ~?

●包 **borsa** =a bag	●鞋 **scarpe** =shoes
●耳环 **orecchini a clip** =earrings	●戒指 **anello** =a ring
●帽子 **cappello** =a hat	●口红 **rossetto** =lipstick

请给我~。

~ per favore. =Can I have ~?

●这个 **questo** =this	●那个 **quello** =that
●面包 **pane** =bread	●招牌酒 **vino della casa** =hoase wine
●水 **acqua** =water	●啤酒 **birra** =beer

◆意大利的英语普及程度◆

说英语的意大利人也比较多。意大利语说得不流利，好不容易鼓起勇气说意大利语，结果对方用英语回复的例子不少。那感觉与对着外国人语无伦次地说着英语的国人反应很像，但也不完全一样。对意大利人来说，那是服务精神。

一般来说，美术馆的窗口、观光咨询处、大型酒店、一流时装店、餐厅里会说英语的人比较多，而且还是我们耳朵听惯了的“辅音+元音”的发音。所以，记住“有说英语的人吗？（C'e qualcuno che parli inglese）（qie kualukuno kei paluli inguleizei）”这一句话，总会有办法的。但是，意大利人说英语时，不会的单词有时会用意大利语敷衍过去。注意不要着急，慢慢地边确认边讲，相互理解，这点要保持双方一致。

索引

罗马

观光

住宿

佛罗伦萨

观光

住宿

威尼斯

观光

住宿

米兰

观光

住宿

乐游全球丛书
翻译委员会

丛书翻译统筹

潘寿君

翻译审订（以音序排名）

陈燕生　程长善　侯　越　焦丽哲　姜　歌　李建忠　潘寿君
王　怡　谢立群　颜　悦　邵　波　陶芳英　张建邦　张文颖
张志军　周　洁

翻译成员（以音序排名）

陈　晨　迟晓春　董娜娜　宫　静　郭攀霞　郭文雅　韩佳梅
黄叶清　黄奕纬　凌　艳　刘东婧　刘　芳　柳慕云　罗芳芳
满新茹　潘　丽　裴　玺　任二青　宋坤辉　王丽珠　王　萌
王　平　吴媛媛　徐　超　徐　琳　徐珊珊　阎婷婷　杨　欢
张静超　张乐乐　张　楠　张　萧　张亚林　张　永　张　玉
赵季玉　赵　丽　郑　凤　钟萍萍　周　微　宗文玉

Staff

◆制作……………………………飯田敏子
立川欽一
月館はな
菅原夏子
佐藤修一
大塚　晋

◆取材協力
·コーディネート……………河野貴子
マルコ·ドナティ

◆デザイン……………………デザイン倶楽部
住中るみ子
アイ·デプト
伊東明彦

◆カ酒吧デザイン……………杉本欣右

◆カ酒吧写真…………………AGE FOTOSTOCK／アフロ
飯田敏子

◆地図制作……………………(株)千秋社

◆写真…………………………エム.エム.ブルー
箕輪　均
飯田敏子

◆協力…………………………(有)テクスタイド

北京市版权局著作权合同登记图字：01-2016-8107
审图号：GS（2018）393号

总 策 划：刘 权
执行策划：陈凤玲
责任编辑：陈 志

图书在版编目（CIP）数据

意大利 / 实业之日本社海外版编辑部编著 ; 张潇, 张亚林译. -- 北京 : 旅游教育出版社, 2018.1
（乐游全球迷你版）
ISBN 978-7-5637-3689-8

I. ①意… II. ①实… ②张… ③张… III. ①旅游指南—意大利 IV. ①K954.69

中国版本图书馆CIP数据核字(2017)第318216号

乐游全球迷你版
意大利

实业之日本社海外版编辑部 编著
张潇 张亚林 译
焦丽哲 审订

出版单位：旅游教育出版社
地　　址：北京市朝阳区定福庄南里1号
邮　　编：100024
发行电话：（010）65778403 65728372
65767462（传真）
本社网址：www.tepcb.com
E-mail：tepfx@163.com
排版单位：北京旅教文化传播有限公司
印刷单位：艺堂印刷（天津）有限公司
经销单位：新华书店
开　　本：787毫米×1092毫米 1/32
印　　张：5
字　　数：237千字
版　　次：2018年1月第1版
印　　次：2018年1月第1次印刷
定　　价：36.00元

（图书如有装订差错请与发行部联系）